KB003246

# 해석과 착상

이관직의 건축설계 강의

# 해석과 착상

## 이관직의 건축설계 강의

이론과 설계, 설계와 현장은 화학적으로 결합될수록 좋다. 건축 프로젝트를 진행하면서 그와 연결된 모든 분야의 건축 전문가들과 건축주는, 충돌하는 동시에 큰 그림을 위해 협조하는 아공(agon)의 관계를 구축하여야 한다. 하지만, 건축설계가 만드는 일에서 계획하는 일로 바뀌고, 지적인 조작과 유희의 성격을 띠면서, 설계는 지속적으로 심해지는 무기력이란 전염병의 매개체가 되어 버렸다. 도대체 어디서부터 손을 대야 하는 걸까.

이 책은 그 시작이 건축가가 뭐하는 사람인지, 어떻게 살아가는 사람인지 알아내는 자기 성찰로 시작되어야 한다고 말한다. 어설픈 위로나 주제넘은 지침이 넘치는 글 세상 속에서 저자는 도그마와 윽박지름 없이도 실천적인 조언과 격려가 가능함을 증명하고 있다. 그는 따뜻하게 독자들을 환대한다.

저자가 이 책에서 이야기를 펼쳐 나가는 방식은 매우 노련하다. 이성적인 부분을 강조해야 될 때에는 패브릭과 같이 잘 직조되어 있다가도 감성과 직관을 개입시켜야 할 때는 펠트와 같은 방식으로 압축의 감각을 환기한다. 이토록 유연한 서사가 가능한 것은 말할 것도 없이 작가의 지치지 않는 성찰과 지속적인 생산에 기인한다. 20년 넘게 진정성을 다해 이어온 교육과 현장의 경험들이 저자의 생각들과 봉제선이 보이지 않을 정도로 정교하게 모르게 접합되어 있다.

이로 인해 책 속 모든 단어와 그림에는 저자가 직접 해석하고 착상에 활용한 근거로서의 생생함과 구체성이 펄떡거린다. 저자의 글을 읽다 보면, 독자는 건축가가 세상과 마주하고, 관찰하고, 분석하고 해석하는 데 고유한 방법들이 있었음을 깨닫는다. 저자가 읽어온 방대한 저작과 정확하게 적용된 선례, 본인이 실천하면서 정립한 지식들은 이 길에 들어선 모든 이들에게 좋은 이정표가 되어준다.

나는 이 책을 내 수업을 듣는 모든 이에게 읽기를 청할 것이다. 좋은 건축과 건축가에 대한 이야기들이 신화나 유적이 아니라는 것을 보여주기 위해서. 그리고 마음에 드는 부분부터 본인의 삶과 작업에 적용해보라고 할 것이다. 건축이 고난을 수행하는 절차에 그치지 않고 자기예언의 실천 과정이 될 수 있다. 나는 실무에서 건축설계를 하는 모든 이들에게도 역시나 이 책을 추천할 것이다. 건축이라는 것에 회의가 왔다면 더더욱 그렇다. 신념이 아니라 실증의 차원에서 건축의 의미를 경험하고 싶어하는 이들을 위해서, 나는 이 책을 줄 그어가며 읽어야 되고 시간을 두고 반복해서 읽어보라고 강권할 것이다.

이 책은 분명히, 내부로부터의 응원과 열정이 필요한 모든 건축하는 이들에게 명쾌한 처방과 온화한 치유의 계기를 마련해 준다.

김훈·경북대학교 건축학부 조교수

# 차례

# 생각과 표현의 훈련

지식은 교육이나 경험 또는 연구를 통해 얻은 체계화된 인식이다. 하나는 분류, 개념, 체계를 다루는 자료 지식이고, 다른 하나는 만들고 창조하고 적용하는 응용 지식이다. 건축설계 지식은 현실 조건을 기반으로 문제를 해결하는 일종의 브리콜라주(bricolage) 지식이다.

건축설계 과정은 조건과 자료를 분석, 해석하고 진행 단계마다 선택과 결정으로 이루어진다. 설계과정의 선택과 결정은 ① 이론과 논리에 따라 진행되기도 하고, 때로는 ② 어떤 개념을 토대로 도식화하여 진행되기도 하고, 때로는 ③ 착상을 통해 전환적으로 진행되기도 하고, 때로는 ④ 의도적인 형태 실험으로 만들어진 공간에 건축적 기능을 삽입시켜 진행되기도 한다.

건축설계는 단번에 결정될 수 없는 복합적 문제를 단계적 선택의 문제로 전환하여 풀어가는 것이다. 오랜 시간 사용될 건축물을 위해서, 건축가의 생각을 엮고 풀어가는 시간 속의 작업이다. 이 관점에서 건축을 이해하기 위해 다음의 여섯 가지 기준을 세운다.

### 건축적 정서의 발견

건축설계를 진행하면서 건축가는 자신의 마음 속에 있는 건축적 정서를 열어 작업의 흥미를 촉발시켜야 한다. 건축적 정서는 만드는 즐거움의 유희 본능과 현실문제 해결의 본성이 결합되어 있다. 설계 작업의 흥미를 위해서 시적 정서 혹은 음악적 정서와 마찬가지로 건축적 정서를 촉발시키는 일이 중요하다. 자신에게 잠재되어 있는 표현 욕구와 능력을 자각하는 것이 필요하다. 각자 색깔의 건축적 정서는 훈련을 통해서 세련된다.

### 자기만의 설계프로세스 발견

건축가는 건강한 건축을 성취하기 위해 대가들의 프로세스를 흉내내는 것이 아니라, 그것들을 참조해서 자신의 프로세스를 찾아야 한다. 프로세스는 정답이 있는 것이 아니다. 나는 잘못하고 있는 것이 아닌가 라는 생각을 버리고, 마음에서 일어나는 작은 생각의 단서를 쫓아서 자신감을 가지고 끝까지 밀고 나가는 것이 설계 프로세스를 발견하는 길이다.

### 다양한 가치의 조정

건축가는 장소의 역사적, 인문적, 사회적 이해와 지형의 물리적 분석으로 자신만의 해석에 도달해야 한다. 자신의 해석을 통해서 장소를 자신의 논리로 규정하고 정의해야 한다.

건축물은 소유자가 사용하는 것이지만, 보통은 불특정 다수가 사용한다. 건축가는 불특정 다수인 일반 사용자의 욕구, 심리, 행태를 살펴야 한다. 모든 건축은 사용자를 위한 건축이 되어야 한다.

건축가는 역사적이고 문화적인 안목을 가지고 건축주와 사용자, 대중과 전문가의 충돌하는 입장과 평가를 조정할 수 있어야 한다.

### 건축 프로그램의 이해와 공간 구성

건축가는 건축주의 요구와 대지의 조건을 이해하고 분석해서 용도별 공간 구성, 즉 프로그램으로 만들 수 있어야 한다. 프로그래밍의 결과물인 용도별 공간 구성 면적표를 기능 다이어그램으로 구성할 수 있어야 한다. 기능 관계로 이해된 '용도-공간'들을 레벨별 평면으로 구성하고, 입체적으로 공간화할 수 있어야 한다.

건축물에서 사용자의 순환과 피난을 위해 수직교통(vertical transporta-tion)의 위치를 평면적으로 적절히 배치할 수 있어야 하고, 구조 해결을 위해 기둥과 보를 배치할 수 있어야 한다. 용도와 크기가 있는 공간들을 사용자의 동선에 따라 연결할 수 있어야 한다.

## 조형 능력의 훈련

건축가는 공간과 형태로 표현되는 건축의 예술성을 배워야 한다. 건축적 '공간-형태'를 고려하여 공간들을 집중하거나 분산하는 입체적 구성 능력을 배양해야 한다. '슬래브 보이드'(slab void)를 통해서 상하 공간을 시각적으로 연결할 수 있어야 한다. 땅의 변형으로 건축을 이해하면서 형태적인 표현력을 배워야 한다. 또한 건축재료의 물질적 특성과 조형적 잠재력을 이해해야 한다.

## 사회 현실에 대한 문제의식

건축가는 전문가로서 건축의 발전과 도시 개선을 위한 문제의식이 있어야 한다. 도시문제, 사회문제, 환경문제 등에서 건축가 자신의 사회적 관심을 구체화하고 입장을 표명해야 한다. 사회적 성공과 예술적 성취를 지향하지만, 건축 작업은 사회적 책임이 수반되므로 언제나 사용자를 위한 건축 윤리가 중심이 되어야 한다.

건축설계를 공부하는 과정은 건축 프로그램이 개인적인 것에서 사회적인 것으로 확장되는 단계를 거친다. 이 과정을 통해서 각자는 창의적인 건축가, 전문적인 건축가, 사회적인 건축가, 생활인의 건축가로 성장하게 된다.

# 건축의 기본 개념

# I. 건축의 조건

## 1. 해결과 표현

건축은 개인과 집단의 인류학적 차원, 마을과 도시의 공간적 차원, 또한 변화가 누적된 시간적 차원의 복합 문제를 해결하기 위해 노력한다. 사회 혹은 세계가 요구하는 첫째는 장소와 공간의 문제에 대한 '사회적 해결로서 건축'이다. 건축가는 건축주와 사회를 위해서 안전하고 편리한 기능 해결과 잘 조절된 공공성을 추구해야 한다.

인간의 필요와 욕구에 따른 활동과 그 활동으로 인한 총체적 결과물은 문화이다. 때로는 자신의 문화에 대한 과신이 남의 것을 침탈하는 제국주의로 나타났지만, 인류는 생존과 번영의 축적인 문화를 인류 역사의 공동의 가치로 소중하게 생각한다. 오랫동안 누리고 만들어온 것을 토대로 '새로운 것'(the new)을 시도하고 발전시켜 전통(tradition)을 만들어왔다.

새로운 것의 추구는 인간의 본성이다. 그것은 개인과 사회를 연결하는 유희, 예술, 산업을 이끄는 원동력이다. 건축가는 이 새로움의 추구를 자신의 표현 욕구와 결합하여 드러낸다. '새로운 표현의 건축'은 건축가에게 중요한 작업의 동기이고 본능적 욕구이다.

장소와 공간의 건축적 해결과 새로운 것을 위한 건축가의 표현이 만나는 곳에서, 그 노력과 갈등의 표면에서 건축화라는 화학 작용을 통하여 하나의 꽃이 핀다. 조건 속에서, 조건의 해결을 통해서 건축의 새로운 정의가 만들어진다. 건축은 조건 속에서 피는 꽃이다.

## 2. 건축의 본질

로마시대 건축가 비트루비우스(Marcus Vitruvius Pollio)는 《건축십서》

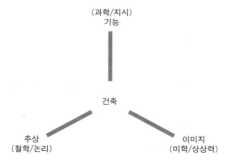

그림1-1. 건축의 본질

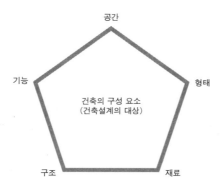

그림1-2. 건축설계의 대상

(De architectura)에서 건축의 목표를 내구성(durability), 편의성(convenience), 아름다움(beauty)으로 정의하면서, 질서체계(order), 공간 배치(arrangement), 균제미(eurhythmy), 대칭(symmetry), 형식과 내용의 적정화(propriety), 경제성(economy)을 건축의 원칙으로 세웠다.(M. H. Morgan, 25~29쪽)

프랑코 푸리니(Franco Purini)는 오늘날 건축을 볼 때, 건축의 세 가지 요소를 '새로움, 볼만함, 기이함'으로 대체되어야 한다고 말한다. 프랑코 푸리니의 주장은 역사적 이론이나 건축가의 선언적 규정으로 건축을 정의하는 것이 아니라, 사용자나 감상자의 심리적 공감과 효과를 고려하는 수용미학의 태도가 반영된 것이다.(프랑코 푸리니, 46쪽)

건축은 건축가, 사용자, 그리고 비평자의 입장이 만나는 합집합으로 정의되어야 한다. 건축가는 창안을 노력하고, 사용자는 해결에 관심이 있고, 비평가는 추상화된 철학적 기준으로 건축을 바라본다. 사회현상과 인간 정신이 복합되어 있는 건축은 미학적이고 과학적이고 철학적이다. 그림1-1

① 이미지

건축은 '공간-형태'의 새로운 이미지(image)를 창안하는 것이다. 이미지는 예술가가 창조한 감성적 표현물로서 주술적이고 심리적인 힘을 갖는다. 건축의 '공간-형태' 이미지는 권력의 표현으로, 풍경적인 느낌으로, 기계공학적인 분위기로 나타난다. '공간-형태' 이미지는 신전건축과 학교건축, 종교건축이나 공공건축처럼 상징적 힘이나 전달되는 감동으로 사회심리적 영향력을 갖는다.

② 해결

해결(solution)은 현실의 제 문제에 대한 답을 찾는 것이다. 건축에서는 도시문제, 사회문제, 건축주의 요구 조건, 대지 조건 등의 건축적인 문제에 대한 답을 만든다. 이것은 현상을 관찰하고 연구해서 함수관계를 찾는 과학(science)과 유사하다.

③ 추상

추상(abstract)은 논리와 이론으로써 현상 속에 잠재되어 있는 의미를 탐구하는 것이다. 건축가는 현상을 깊게 생각함으로써 건축의 내재적 원리를 발견하고 이해와 분석, 해석과 착상을 통해서 건축화한다.


## 3. 건축설계의 대상


건축의 구성 요소는 기능(function), 공간(space), 형태(form), 재료(ma-terials), 구조(structure)이다. 이 다섯 요소는 건축설계의 대상이기도 하다. 건축설계는 기능을 담는 공간을 구성하는 것이고, 공간을 감싸는 형태를 만드는 것이고, 형태를 구성하는 재료를 다루는 것이고, 구조적으로 해결하여 완성된 건축물을 만드는 것이다. 그림1-2

① 기능

기능은 건축주의 건축의지, 즉 요구와 조건에 관련된 공간의 내용이다. 건축의 기능은 크기가 있는 '용도-공간'의 인접관계로 드러나고 건축 공간과 형태를 만드는 단서가 된다. '용도-공간'은 공간들이 제대로 사용되기 위해서 서로 접속되거나 인접되어야 하고, 순서에 따라서 연결되어야 한다. 이러한 건축공간들의 기능 관계를 시각화한 것이 '기능 다이어그램'(function-diagram)이다.

② 공간

공간은 인간 행위가 편리하도록 건조된 장소이다. 일반적으로 벽, 바닥, 지붕 등으로 구성된 부피의 형태이며, 입방체 이외에도 정형, 비정형의 다양한 유형이 있다. 건축 공간은 정신적, 심리적인 표현의 대상이다. 또한 빛의 효과나 재료 마감으로 특별한 느낌과 감동을 만들어낼 수 있다.

### ③ 형태

형태는 건축적 공간을 벽, 바닥, 지붕 등의 외피로 둘러 싼 매스이다. 건축물의 형태는 시각적인 대상이자, 건축적 표현의 중요한 매체이다. 그리고 건축 형태 설계는 미학과 도시 기능이 복합된다. 형태는 만드는 즐거움, 감상과 평가의 대상이 된다.

### ④ 재료

재료는 공간과 형태를 만드는 물리적 요소이며 시각과 촉각으로 드러난다. 건축가가 구상한 '공간-형태'는 재료에 의해서 현실화된다. 재료는 제작, 운반, 조립의 건설 과정을 거쳐서 건축물이 된다.

### ⑤ 구조

구조는 건축재료로 건축적 공간과 형태를 만들 때, 건축물에 가해지는 외력(중력, 풍력, 지진력 등)에 안전하게 대응하는 과학적 방식이다.

건축의 조건, 본질, 그리고 건축설계의 대상을 논의하는 것은 '좋은 건축'을 찾기 위함이다. 건축에는 목적을 달리하는 여러 주체가 관계되어, 좋은 건축을 하나로 정의하기는 어렵다.

건축주, 설계자, 시공자는 건축의 생산 주체들이고, 건축물의 사용자는 더욱 중요한 건축의 목적 주체이다. 건축과 도시의 문화적인 주인인 시민은 개별 건축을 비평할 수 있으며, 감상과 평가의 주체가 된다.

건축은 역사와 문화, 그리고 학술의 대상이다. 학문적이고 전문적인 연구는 건축에 관계된 주체들이 건축의 가치를 이해하는 데 중심 기준이 된다. 건축가는 다양한 입장들과 비평을 참조해서 시행착오를 거치면서 좋은 건축을 찾아가야 한다.

# II. 건축의 유희 본능

다양한 예술 장르는 인간의 다양한 표현 욕구에 대응한다. 무엇을 그리고 싶은 회화적 정서, 작곡하거나 연주하고 싶은 음악적 정서, 만들고 싶은 조각적 정서 등. 예술 생산자로서 건축가에게는 브리콜레르(bricoleur)로서 사회문제를 해결하고, '공간-형태'적인 무엇을 만들고 싶은 건축 창작의 본능적 정서가 있다.

건축적인 정서는 건축의 기능, 순환, 용도, 속도 등의 기술적 해결 욕구와 조형, 공간, 장식, 입체감 등의 예술적 표현 욕구가 결합된 것이다. 발현되는 색깔과 모양이 개인마다 다르지만 누구에게나 내재한다. 그 정서를 밖으로 끄집어내는 일이 건축교육, 디자인 훈련이다. 건축적 사고와 표현의 훈련은 자신만이 가지고 있는 건축적 정서의 색깔과 모양을 찾는 일에서 시작해야 한다.

인간의 본능에는 지성, 지식과 구분되는 긍정과 부정의 정동적(情動的) 심신 능력이 있다. 긍정의 정동 능력은 생존, 적응, 번식, 즐김의 경향이 있고, 부정의 정동 능력은 죽음, 포기, 나태, 혐오의 경향이 있다. 본능은 예술적 정서로 발전되고, 의미 부여 과정을 거쳐 문화의 한 갈래가 된다. 예술적 정서는 즐김의 경향인 놀이 본능이 발전된 것이라 할 수 있다. 어릴 적 놀이 본능에서 건축적 놀이의 기억을 회복하여 건축적 정서를 다시 발견하고 디자인 훈련으로 자신의 색깔을 찾고 확장해가는 것이 중요하다.


## 1. 유희 본능


유희 본능, 즉 놀이는 사람의 몸과 관계한다. 제작놀이는 손으로 만드는 것에서 시작된다. 눈은 관람놀이에, 입은 언어놀이에 관계한다. 자극에 대해 반응하는 몸의 전체적인 감각은 체험놀이와 관계되고, 근육은 신체놀이와 관계된다. 싸움놀이는 현장에서 벌어지는 실전과 같이 몸싸움을

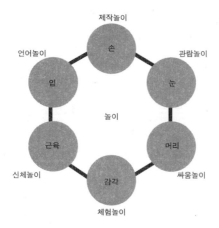

그림2-1. 놀이와 신체 감각

동반하는 경우도 있지만, 전력과 전술의 머리쓰기에서 시작된다. 그림2-1

① 제작놀이

제작놀이는 손에 잡히는 물체를 가지고 만드는 놀이로 시작된다. 색, 소리 등의 물질과 비물질의 대상을 가지고 즐기는 놀이가 포함된다. 제작놀이에서 회화, 조각, 음악이 파생된다.

② 관람놀이

관람놀이는 구상되거나 제작된 대상을 눈으로 감상하고 즐기는 본능에서 시작한다. 보는 즐거움은 수집 취미와 연관된다. 몰래 보기의 욕구, 스포츠, 게임의 관람, TV 시청과 같이 시청각 대상을 보고 즐기는 것이다.

③ 언어놀이

언어놀이는 이야기와 신화에서 시작한다. 시, 연극, 소설 등과 같이 줄

거리나 사건의 구성이 있다. 관람놀이와 복합된 연극, 오페라가 포함된다. 영화, 뮤지컬 등도 언어놀이와 관계가 있다.

④ 신체놀이

몸을 단련하고 건강을 증진하는 스포츠, 운동 등을 말한다. 단체 게임은 싸움놀이와 혼합 형태로 나타난다.

⑤ 체험놀이

새로운 것을 경험하고 즐기는 놀이로, 종합적인 감각의 자극과 관련되고 상상력과 호기심에 관련이 있다. 가학적, 자학적인 성적 경향과 약물 효과 등도 포함된다.

⑥ 싸움놀이

싸움놀이는 두뇌를 사용하는 게임이다. 장기, 바둑, 카드, 컴퓨터 게임 등 일정한 규칙에 따라 상대와 하는 놀이이다. 본능적인 경쟁 욕구와 관련이 있고, 사회화 단계에서 상호 자극과 이차적인 욕구가 파생된다.


## 2. 건축적 놀이


인간은 이미 성장기에 놀이로서 건축적 정서를 경험한다. 건축적 정서는 손으로 만지고 만드는 제작놀이에서 시작해 단계적으로 발현된다.

① 단위 조작

건축에서 제작놀이의 첫 번째 단계는 단위(unit) 조작이다. 일종의 레고 블럭놀이다. 단순하고 작은 단위를 반복적으로 연결하고 구성하는 손

그림2-2. 레고놀이

그림2-3. 반죽놀이

그림2-4. 상자놀이

그림2-5. 모래놀이

의 움직임이 생각하는 즐거움으로 확장되면서 놀이가 된다. 그림2-2

② 형태 확장

두 번째는 형태 확장 혹은 유연한 형태놀이 단계이다. 밀가루 반죽이
나 진흙을 가지고 노는 놀이에서 아이들은 새로운 형태를 즐긴다. 손놀이
는 촉감과 생각을 연장하는 형태놀이로 발전한다. 실제 레고나 만들어진
형식에 지루해 하는 아이들은 촉감적인 형태놀이에 흥미를 가지고 다시
재미에 빠진다. 그림2-3

③ 벽과 공간

세 번째는 판(벽)과 공간의 놀이이다. 집이나 공간 발견 놀이라고 생각할 수 있다. 다락방같은 은밀한 구석을 찾거나 상자갑을 집으로 만들어, 그 안에 숨는 놀이에서 아이는 공간놀이를 배운다. 그림2-4

④ 응용하기

네 번째는 응용단계이다. 지형과 입체, 교통과 흐름 등을 이용하는 도시놀이다. 아이들은 모래를 사용해 '두껍아, 두껍아, 헌 집 줄게, 새 집 다오'에서부터 굴을 파고, 다리를 놓거나 도로를 만들며, 성을 만들고 마을을 만든다. 도시를 건설하여 교통을 해결하고 토목을 건설하는 것이다. 그림2-5

## 3. 건축적 능력의 발견

디자인 훈련을 위해서는 역사와 문화적인 체계 속에서 건축을 이해하는 것만큼 자신 안에 있는 건축적 놀이 정서를 끌어내어 자신의 작업을 해나가는 것이 필요하다. 손과 생각의 훈련을 통해서 어린 시절부터 몸속에 가지고 있던 자신만의 색깔을 찾아내야 한다.

디자인 훈련은 자신에게 잠재된 능력을 다시 불러내는 것이다. 디자인 훈련으로 드러나는 것은 재능의 유무가 아닌 재능의 색깔이다. 사람은 훈련으로 자신의 잠재력을 세분화하고, 깊이를 더 할 수 있다. 자신의 내적인 건축 재능을 강화하고 사회화시켜 현실문제에 대응할 수 있도록 노력해야 한다.

훈련 방법은 체계적으로 생각하기, 손으로 만들기, 조형 감각을 세련하기, 새로운 것을 착상하기, 머릿속의 생각을 이미지로 표현하기 등이 있다.

# III. 건축의 개념

## 1. 착상과 설득

"모든 개념은 그 구성 요소의 조합에 의하여 정의되는 불규칙한 윤곽을 갖는다. 플라톤에서 H. 베르그송(Henri-Louis Bergson)에 이르기까지, 개념의 문제는 분절, 절단, 재단의 문제라는 생각을 재확인한다. 개념은 자신을 구성하는 구성 요소의 총합이므로, 하나의 전체이긴 하지만 조각난 전체이다."(들뢰즈·가타리, 28쪽)

철학은 삶의 본질을 꿰뚫는 개념을 창조하고, 과학은 우주의 원리를 함수관계로 도식화한다. 예술과 건축은 세상에 다양성을 더한다. 건축의 개념은 그 다양성을 창안하기 위한 도구이다.

건축 개념은 건축가가 설계를 진행하면서 직관적으로 떠오르거나 의식적으로 도입한 착상이고, 자신의 설계안을 건축주, 비평가 그리고 대중을 설득하기 위한 설명 또는 도식이다.

### 착상으로서 건축 개념

건축가는 프로그램 이해와 대지 분석을 바탕으로 건축의 사회적 가치와 도시 비전을 고려해서 자신의 생각을 건축화한다. 건축화는 프로그램을 대지에서 실현하기 위해 기능, 공간, 형태, 구조, 재료로써 건축적 환경이 조절된 장소나 건축물을 구상하여 사용자의 거주성을 해결하는 것이다.

건축 개념은 이해(understanding), 분석(analysis), 해석(interpretation), 도식화(diagraming) 과정을 거치면서 떠오른 영감(inspiration)이나 파악된 직관(intuition)이다. 그림3-1

① 이해

이해는 설계 조건과 자료를 지금까지의 지식과 경험으로 파악하는 것

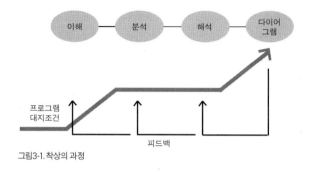

그림3-1. 착상의 과정

이다. 자료와 정보에 대한 수동적 파악이고, 분석을 위한 준비 과정이다. 오성(悟性)으로도 번역되는 이해력은 인간 이성의 바탕이 되는 가장 기본적인 능력이다. 이해의 단계는 자료를 분석하기 전에, 자료를 모으고 파악하여 정보를 지식으로 만드는 과정이다.

② 분석

분석은 건축화의 가능성을 찾기 위하여 프로그램과 대지에 대한 자료를 분류하고 조사하는 것이다. 건축가는 분석의 단계에서 자료들을 특성에 따라 세분화하고 여러 가지 기준을 세워 유사한 성질들을 그룹핑하여 비교한다. 동일하거나 유사한 프로그램의 선례를 조사하여 '용도-공간'들의 기능 관계를 파악한다.

③ 해석

건축가는 대지와 프로그램의 분석 내용을 자신만의 주관적인 판단으로 심화시킨다. 이 단계가 해석의 단계이다. 건축에서 해석은 일반적이고 보편적인 것을 찾는 작업이 아니다. 도발적인 아이디어를 던지기도 하고,

하나의 생각을 심화시키기도 한다. 이 단계에서 시행착오나 반복, 순환을 거치면서 무형의 것(면적, 용도, 기능 등)을 유형의 것(평면, 공간, 형태 등)으로 전환시켜야 한다. 기능 관계의 도식을 볼륨적이고 형태적인 구성으로 변화시켜야 한다.

④ 착상

이해, 분석, 해석의 단계에서 형성된 어렴풋한 아이디어는 영감이 떠오르듯이, 직관적 통찰이 생기면서 해석을 넘어선 건축화의 도상적인 무엇으로 비약된다. 그렇지 않은 경우, 의도적으로 어떤 아이디어를 도입해서 건축화를 진행하기도 한다. 여기서 직관적으로 떠오른 착상이나 도입된 아이디어를 건축 개념이라고 한다. 이 단계가 착상 단계이다.

설득과 주장으로서 건축 개념

건축 개념은 건축가의 자기 주장으로서, 건축주, 비평가, 혹은 대중을 설득하기 위한 건축 작업이나 건축물을 설명하는 단어나 명제가 된다. 설득을 위한 건축 개념은 세 가지의 성격을 가진다. 첫째는 논리적이고 이론적 성격이다. 둘째는 타당성과 적절성이다. 셋째는 독창성이다.

① 논리성

논리적이고 이론적인 건축 개념은 학교 교육 현장에서 흔하게 요구된다. 설계 과목을 가르치는 선생은 학생이 건축적 아이디어를 도출하거나 전개할 때 과정이 논리적이거나 이론적이기를 요구한다. 하지만 창의적인 아이디어는 논문처럼 이론적이거나 논리적이기가 쉽지 않다. 건축 개념과 착상에서 지나친 논리적인 접근은 오히려 창의적인 아이디어를 방해하기도 한다. 그렇지만 건축물에 대한 이론적이고 논리적인 설명은 설득력을 가지고 있어서 건축적 주장을 펼치는 데 자주 쓰인다.

② 타당성

건축은 '공간-형태'의 창안과 병행해서 사회문제 해결의 관점을 가진다. 건축 개념이 건축 기능과 도시문제의 해결로서 타당성과 적절성을 가지면서 사람들에게 설득력을 갖는다.

③ 독창성

사람들은 건축 개념과 그 개념이 실현된 건축물이 독창적이길 기대한다. 새로운 것을 위해서 건축가는 맥락을 뛰어넘는 크로스오버 전략이나 미래 비전을 제시하는 방법으로 독창적인 아이디어를 시도하기도 한다.

건축가는 설계를 진행하면서 자신을 이끌어줄 개념이 필요하다고 생각한다. 그래서 유명 건축가의 프로세스를 (훔쳐보듯)참조하게 된다. 우여곡절 끝에 완성된 설계안에 대해서 건축가는 개념이나 도식적 이미지로 보다 그럴듯하게 설명해야 할 것 같은 압력을 느낀다.

좋은 건축을 위해서 건축 개념이나 키워드가 꼭 필요한 것은 아니다. 그렇지만 설계 진행이 착상의 단계에 막혀 있다면 참조할 수 있는 무언가를 찾게 되는데, 세상의 모든 것이 참조가 된다. 참조된 것들은 건축설계 과정에서 검토, 보완되면서 건축 개념이 될 수 있다.


2. 표현과 개념


모든 문화적인 작업은 도구적 유용성과 표현적 기호성이 결합되어 있다. 건축은 장소이면서, 작품 또는 상품으로서 소비되고 소통된다.

건축의 표현 내용은 이미지, 음악, 이야기처럼 서사적이거나 구상적인 것이 아니라, 간접적이고 추상적이다. 한때 포스트모더니즘 건축가와 비평가가 기호학자와 언어학자들이 건축을 해석하려는 시도가 있었으나, 건축

자체의 추상적인 성격 때문에 접근이 어려웠다.

전통적 의미의 건축은 규범이 강조된 초월적인 체계에서 이루어졌던 것에 반해, 현대의 건축은 수용미학적이면서 대중의 기대에 반응하는 새롭고 볼만하고 기이한 자극을 보여주려 한다. 건축의 '표현-기호'적 측면, 즉 소통의 영향력이 강조된다. 상징, 의미 규범에서 차용, 참조, 혼성의 세계로 확장되고 있다. '건축은 이런 것이다'라는 규정적인 태도에서 소통하고 소비하고 이해하는 방식으로 바뀌고 있는 것이다.

건축은 공간과 형태로 변주할 수 있는 우리 주변의 모든 것을 참조 대상으로 삼는다. 건축가들은 건축 외적인 현상들을 참조하면서 의미와 가치, 대칭과 비례의 규범에서 시도와 실험, 즐거움과 이질성의 세계로 건축의 중심을 확장한다.


## 3. 건축 개념들


건축은 현실적인 문제를 해결하는 것이지만 새로운 감각적 존재를 만드는 것이기도 하다. 20세기 후반부터 건축 내적 규범 미학의 토대를 넘어 보다 자극적이고 새로운 '공간-형태'의 감각적 존재를 만드는 실험의 대상이 되어 왔다. 때문에 건축 개념은 건축의 내적 원리에서 도출되는 것과 건축 외적인 것을 도입하는 것으로 구분될 수 있다.


### 건축 내적 접근

① 도시와 장소의 맥락 연구

건축은 생활의 장소이고, 역사가 누적된 특정한 장소에 건물을 짓는 것이므로, 장소의 맥락적 분석을 통해서 개념을 찾아낼 수 있다.

그림3-2. 바르셀로나 파빌리온, 미스 반 데어 로에, 1929. (개축 1986)

그림3-3. 메트로폴 파라솔(Metropol Paraso), 율겐 마이어 헤르만(Jürgen Mayer-Hermann), 2011.

② 기능 연구를 통한 '공간-형태'화

건축의 공간은 기능적인 용도를 담는 관점에서 보는 '용도-공간'과 시각적인 형태 관점에서 본 '형태-공간'의 종합이라 할 수 있다. '용도-공간'의 크기와 사용자의 사용 흐름, 즉 동선의 관계를 찾아내서 '형태-공간'으로 건축화시킬 수 있다.

③ 대지 조건에 대응하는 공간과 형태

모든 건축물은 구체적인 땅에 지어진다. 건축설계는 대지 조건의 분석에서 시작된다. 대지의 물리적 상태(범위, 지형, 주변 건축물의 형상, 도로 상황 등), 시각적 환경, 도상적 형태 등의 요소를 해석해서 건축물의 배치, 단면의 구성, 건축 형태 등을 위한 기하학적 모티브로 이용할 수 있다.

④ 건축 요소, 건축적 장치의 연구

건축가는 건축물의 구성 요소(벽, 창문, 지붕 등)가 사용자의 감각에 주는 영향을 참조하여 건축 개념으로 확장할 수 있다. 또한 건축 부재와 그 결합 방식의 형태적 표현력을 연구하여 건축 개념으로 발전시킬 수 있다. 건축적 장치(선큰, 아트리움, 커튼월, 브릿지, 수직교통 등)의 시공간적 효과를 건축 개념의 요소로 삼을 수 있다. 그림3-2

⑤ 건축 양식적, 유형적 형태와 공간의 연구

건축 개념은 건축가의 양식적인 관심과 연구에서 시작되기도 한다. 프로젝트의 해석과 건축가의 건축사적인 관심을 연결하여 시각적이고 공간적인 단서로 적용할 수 있는 아이디어를 개념의 기초로 사용할 수 있다.

⑥ 새로운 공간 및 조형 형식

건축가는 건축물의 기하학과 형태, 공간 구성, 단면 연구를 통하여 새로운 형태와 공간, 구법 등의 미학적 실험을 설계에 적용할 수 있다. 그림3-3

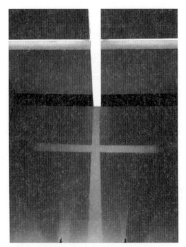

그림3-4. 바다의 교회, 안도 다다오, 2000.

그림3-5. 선으로 된 나무 위의 집, 비토 아콘치(Vito Acconci), 2010.

⑦ 빛과 건축의 관계 연구

빛은 건축의 공간과 형태를 인지하는 핵심적인 조건이다. 건축가는 빛의 효과(반사, 현휘, 역광, 실루엣, 투시, 명암, 그림자 등)를 연구하고 창의적으로 해석하여 공간과 형태에 적합한 개념을 찾아낼 수 있다. 그림3-4

### 건축 외적 접근

① 철학적 개념이나 키워드의 도입

예술은 기존의 것을 변형 극복하는 과정에서 양식적으로 발전했다. 예술 양식은 시대정신의 반영과 미래적인 비전의 충돌을 통해 새로운 에너지를 얻는다. 건축가는 인문적인 연구에서 제시된 비건축적인 키워드를 공간이나 형태 구성의 기하학적인 단서로 전환하여 새로운 건축적인 방향을 찾아낼 수 있다.

② 도상적 사례 연구를 통한 접근

건축은 새로운 이미지를 세상에 더하면서 다양한 시각적인 공간 환경을 만들어가는 것이다. 건축가는 건축적으로 적용되지 않았던 독특한 도형 이미지나 원형적인 도상을 특정 프로젝트에 도입하고 기능적인 해결을 통해서 새로운 공간 이미지를 창안할 수 있다.

③ 도시구조의 도상적 변용

새로운 것은 기존의 것을 변형하여 얻어지기도 한다. 변형 방법은 돋보기나 줄보기로 보듯이 확대하거나 축소하여, 또는 꺾인 거울로 보듯이 겹쳐보면서 새로운 도상적 이미지로 변형하는 것을 포함한다. 프로젝트와 연관된 범위의 지도나 대지 위치에서 조망되는 특정한 요소나 이미지를 추출하여 스케일 조정, 대칭 회전, 입체화 등을 시도한다. 변형된 도형을 프로젝트의 밑그림으로 사용하여 건축화할 수 있다.

그림3-6. 브뤼셀의 악기박물관(옛 잉글랜드 백화점), 폴 생테누아(Paul Saintenoy), 1898.

그림3-7. 파리 에펠탑, 귀스타프 에펠(Alexandre Gustave Eiffel), 1889.

④ 과학적 개념, 도식, 이미지의 변형

언어의 의미가 다른 단어를 통해서 설명되어야 하는 것처럼 이미지도 다른 이미지로 계속 확장되고 연쇄될 수 있다. 건축가는 물리학, 생물학, 지질학, 지형학 연구의 다이어그램이나 생물체의 구조, 원리 설명 이미지 등의 기하학 도상을 차용해서 건축 프로그램을 도입하고 변형해서 새로운 건축화의 가능성을 찾아낼 수 있다. 그림3-5

⑤ 회화적인 도상이나 예술적 주제들의 차용

건축가는 추상화에서 보이는 회화적 구성을 차용해서 건축 프로그램을 도입하여 건축화할 수 있고, 리듬이나 멜로디와 같은 음악적 요소를 형태나 공간의 크기로 변환하여 건축 형태나 패턴에 기본 도형 이미지로 사용할 수 있다. 그림3-6

⑥ 새로운 미의식 혹은 조형 개념 연구

예술과 관련된 모든 작업은 그 시대의 미의식과 관련되어 있다. 시대가 발전하면서 문화적, 산업적 새로운 경향이 미의식에 반영된다. 건축은 과거의 자료와 현재의 조건을 토대로 작업하지만 미래의 삶을 제한하는 구조물을 만드는 것이다. 19세기말 아방가르드 작가들이 그랬듯이 실험과 연구를 통하여 미의식의 미래 경향을 찾아내는 노력이 필요하다. 그림3-7

⑦ 생태와 환경 가치에 대한 주장

20세기 후반부터 에너지 위기와 지구 온난화를 겪으면서 환경도덕주의와 개인주의가 교묘하게 결합되었다. 굳이 표현하자면 친환경생존주의라 할 수 있다. 이데올로기로서 생태와 환경의 가치는 더욱 강조될 것이다. 생태 위기를 극복하고 환경 가치를 존중하는 재료의 사용과 공간과 형태의 건축화의 방법은 건축 개념의 하나가 될 수 있다.

# IV. 건축의 이야기 구조

건축의 예술성을 말하는 사람들은 건축을 응결된 음악에 비유한다. 건축의 감흥은 음악적이고 시적이다. 그러한 건축의 음악적, 시적 감흥은 건축의 핵심인 공간 구성이나 형태 조합이 시간예술의 성격을 가지고 있기 때문에 가능하다. 그림이나 조각도 어떤 경우에는 시간을 들여 찬찬히 보아야 하지만, 건축은 시간을 포함하지 않고는 감상이 불가능하다.

## 건축의 이야기성

건축을 구상하거나 감상하기 위해서는 음악이나 문학처럼 시간적 요소가 필요하다. 건물을 보려면 처음에는 도시적 스케일에서 멀리서 보고서 점점 다가가야 한다. 가까이서 구체적인 형태로 드러난 건축물을 보며 안으로 들어가면, 내부의 공간에서 외부 형태와 다른, 입체적인 분위기와 공간감을 느낀다.

창문이나 개구부를 통해 보는 외부는 보통의 자연 풍경이 아니다. 벽에 나있는 창문이나 개구부는 관객의 시선을 이끌어가는 영화 카메라 같이 사용자에게 외부의 시간 변화를 느끼게 하는 건축적 장치이다. 긴 벽은 사람들이 벽을 따라 움직이도록 유도하는 장치이다. 벽으로 만들어진 복도(corridor)는 사람들을 걷게 한다.

건축가는 다른 용도, 다른 크기의 공간들을 인접시켜 평면을 구성한다. 건축가의 설계, 즉 공간이나 형태 구성은 사용자들에게 '공간-형태'에 따라 시간의 흐름을 경험하게 하는 일종의 건축적 이야기 수법이다. 시간의 흐름으로 공간과 형태를 경험하는 건축은 이야기성을 갖는다.

건축가는 사용자의 동선을 고려해서 공간의 전개를 구성한다. 시각적이지만 시간적으로 펼쳐서 경험되도록 기획한다. 평면을 구성하여 사용자를 좁고 긴 공간을 걷게 하다가, 넓게 펼쳐진 공간으로 나아가게 하거나, 어둡고 애매한 곳에서 빛이 가득하고 분명한 곳으로 이끌기도 한다. 작가가 소설을 쓰듯이 시나리오의 구성과 전개를 이용해서 공간을 배치하고 형

그림4-1. 전함 포템킨(Battleship Potemkin), 세르게이 M. 예이젠시테인, 1925.
(저자 화면 캡처)

태를 구성한다. 시간적으로 전개되는 시퀀스를 구성해서 사용자를 점점 더 극적인 경험으로 이끌기도 하고 순환적이고 반복적인 경험을 겪게도 한다.

문학이나 음악, 또는 영화처럼 건축의 공간적 연결도 시간적 수법으로 구성된다. S. 예이젠시테인(Sergei Mikhailovich Eisenstein) 감독은 몽타주 편집으로 극적인 충돌이나 대비를 설정해서, 감상자 스스로가 공간 이미지를 연결하도록 만든다. 맥락이 느껴지지 않을 만큼 공간의 강한 대비를 통해 시각적 기대를 깨뜨리면, 감상자는 비맥락적인 것을 맥락적인 것으로 이해하려는 충동이 생겨난다. 극적인 대비의 공간 이미지를 맥락적으로 연결하려는 강력한 환유의 힘이 생겨난다. 그림4-1

### 건축의 미장센

설계를 하기 전에 건축가는 건축주의 요구를 분석해서 면적표로 만드는 프로그래밍을 수행한다. 프로그램은 연극이 무대에 오르기 전의 희곡과 같다. 그리고 프로그램을 해석해서 사용자들이 건축적인 경험을 하도록 시각적으로 풀어내는 설계에 들어간다. 건축가는 사람들의 만남, 작업, 공연, 휴식 등의 행위가 공간 속에서 전개되는 상황을 예상해야 한다.

연극 무대에서 설정되는 장소는 건축적 공간과 유사하다. 감독은 희곡에서 제시된 사건의 공간적 배경을 자신의 해석에 따라서 선택적으로 그리고 의미를 부여하여 새롭게 무대 공간으로 재생산한다. 연출가는 미장센(mis-en-scene)을 통해서 특정한 연극적 상황 이미지를 만들어낸다.

연극 용어인 미장센은 '무대 위에 배치하기'(putting on stage)라는 뜻인데, 세트, 소품, 조명, 의상, 분장, 배우 등 희곡에 있는 것을 공간적으로 이미지화시킨 것이다. 미장센이 영화로 확장되면, 촬영 장소, 세트, 조명, 분장소품 등 감독이 설정해 놓은 장소적 상황 연출을 의미한다.

연극적 의미의 미장센에다가 카메라의 위치와 움직임, 샷의 스케일,

하나의 샷을 찍는 시간 등의 영화적 기술이 포함된 것이 미장샷(mise-en-shot)이다. 필름으로 옮긴 사건 혹은 피사체가 미장센이라면, 카메라의 시선을 통해서 옮기는 방식은 미장샷이다.

작가의 희곡은 사건을 시간 구조로 압축한 것이고, 연출가의 연출은 희곡을 해석해서 시간 구조를 공간화하고 사건을 다시 현실화하는 것이다. 연출가는 미장센을 통해서 만들어진 무대 위에 있는 배우들의 동선을 지시하고 상황과 사건을 구체화한다. 이 연출의 행위는 프로그램을 건축화하는 건축설계 작업과 매우 유사하다.

### 사건의 건축화

건축은 행위, 상황, 사건이 일어나는 구체적인 공간과 장소를 만드는 것이다. 건축물은 고정된 오브제가 아니라서, 계절과 세월의 흐름에 따라 상태와 분위기가 변한다. 사용자는 바라보거나 사용하면서, 필요에 따라 증축하고 변형하는 행위를 통해서 건축의 변화에 참여한다. 시간에 따른 건축물의 변화나 사용자의 행위는 건축물을 중심으로 일어나는 건축적 사건이라 할 수 있다.

환경의 영향과 변화를 이해하고 사용자의 행위를 분석하여 공간적 요소로 변환하고 건축물의 시간적 쇠락에 대응하고 주변 도시적 맥락의 변화를 유추해서 공간적 구조를 찾아내는 모든 것이 바로 사건을 건축적으로 해석하는 것이다. 이 해석을 통해서 평면을 짜고 공간을 구성하고 형태를 구상하는 것이 바로 건축설계이다.

건축가는 사건을 구조화하면서 사람들의 행위를 담을 수 있도록 공간을 설계한다. 건축설계는 계획된 공간에서 사용자의 행위를 유도하는 '선행-대본'(pre-script)과 같다. 사용자는 공간 구조에 영향을 받지만, 공간을 창조적으로 사용하고 필요에 따라 생성, 변형시키기도 한다. 사람들의 행위는 또 다른 사건의 발생이다. 건축에서 사건의 구조화는 순환적이다.

건축 작업은 자연의 공간에 건축적 구조물을 설치하여 제한된 공간을 구체적 용도로 사용할 수 있게 하는 것이다. 건축 작업을 통해서 자연의 공간은 풍경적 분위기(atmosphere) 혹은 빈 공간(air)에서 벽, 바닥, 지붕을 가진 인공 구조물의 건축공간으로 전환된다.

건축가의 작업은 수없이 반복되고 발전되는 과정을 거친다. 직관적이고 단편적이고 단계적 착상들과 현실적인 구법, 재료, 상세가 결합되어야 완성된다. 건축적 착상의 현실화에 영향을 주는 수많은 변수를 조정하는 시간도 건축 이야기 구조의 특성이라 할 수 있다.

### 건축의 잠재력을 찾는 감수성

H. 베르그송에 따르면, 현재는 과거 사건들의 총체 혹은 수렴이다. 건축은 과거의 자료를 가지고 현재에 만들어지고 미래의 삶을 규정한다. 지금 만들어진다는 것, 실현된다는 것은 과거에 잠재되어 있던 것이 현실화되는 것이듯, 현실의 모든 것은 미래에 대한 잠재태이다.(김재희, 247쪽)

건축을 포함한 예술은 현재 속에 잠재된 힘을 느끼고 드러내는 노력이다. 건축가와 조형예술가는 도형, 색채, 공간 등과 같은 시각적 대상에 잠재된 힘을 느끼는 감수성이 필요하다. 건축가는 행위와 사건의 구조화, 즉 건축화 과정에서 시각적 구조물로 자신의 건축적 구상을 실현한다.

우리는 시각적 형상에 잠재된 도형적 힘을 느낄 수 있다. 종이에 그려진 일정 길이의 선분은 방향이나 주변에 따라, 계속 뻗으려는 느낌을 주기도 하고 고정된 것으로 보이기도 한다. 원은 계속해서 순환하는 기분을 주거나, 또 영원히 정지되어 완결된 것으로 보이기도 한다. 어떤 시인은 '나는 바퀴를 보면 굴리고 싶어진다'라고도 한다. 도형으로 이루어진 형태 혹은 내부 공간은 면들이 만나는 모서리에 의해 인식된다. 즉 모서리에 의해서 형태와 공간이 생겨난다.

도형만이 잠재된 힘을 가지고 있는 것은 아니라, 물성, 매스, 볼륨 등, 존

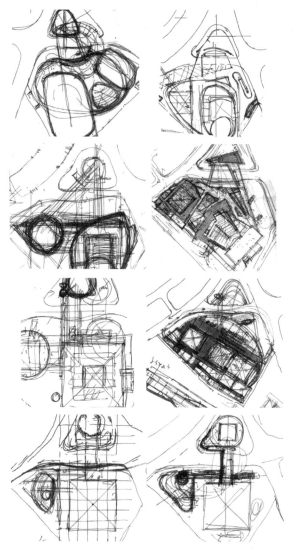

그림4-2. 영향선 찾기, 영남대 천마아트홀, 이공건축+BSD건축, 2005.

재하는 모든 것에는 새로운 어떤 것으로 전환되고 변화될 수 있는 가능성과 주변 대상에게 영향을 주는 잠재력이 내재한다. 프로젝트에 관계된 이미지, 즉 지도, 도면, 사진에서 도상적으로 응용하고 참조할 수 있는, 잠재적 영향력을 가지고 있는 선이 '영향선'이다. 건축가는 지형을 읽고 도시적 상황을 해석해서 잠재된 영향선을 건축설계에 참조할 수 있다. 이 영향선은 주어진 자료에서 직접 인용할 수도 있고, 건축가의 해석을 통해서 의도적으로 도면에 그려진 것일 수도 있다. 그림4-2

# V. 건축과 시간

# 1. 시간에 대한 관심

## 세계의 본질

건축은 두 가지 관심에 대응하여 발전해 왔다. 하나는 구체적인 현실문제 해결이고, 또 하나는 창조적 표현 욕구이다. 문명 안에서 인간은 사물과 세계의 원인이 무엇인지, 인간에게 닥치는 문제의 근본이 무엇인지를 탐구해 왔다. 또한 본질에 대한 관심이 어디에서 시작되는지를 밝히려고 애써 왔다.

시간과 공간이 세계의 본질이라는 근대적인 사고는 I. 칸트(Immanuel Kant)에서 시작되었다고 할 수 있다. K. 마르크스나 G. 들뢰즈, M. 세르 등의 철학자는 에피쿠로스(Epicurus)와 루크레티우스(Titus Lucretius Carus)의 자연주의를 새롭게 해석하여 변화와 생성, 흐름으로서의 세계를 주장한다. 이것을 건축으로 확장해서 적용할 수 있다면, 건축가들은 정지된 공간과 형태를 다루는 건축에서 가려져 있던 또 하나의 본질, 즉 시간의 흐름에 주목할 수 있을 것이다. 새로운 건축은 세계의 본질로서 시간에 대한 해석이 그 중심이 될 것이다.

## 건축사적 모색

근대의 건축가와 비평가들은 바로크와 고전주의에 대항해서, 전통적 양식이 아닌 비양식의 양식, 진정한 근대적 양식을 발견하기 위해 노력했다. 근대건축가들이 발견한 순수한 공간과 형태라는 건축적 이상에서 역동성과 속도에 대한 관심은 그리 중요한 것이 아니었다. 러시아 구성주의, 미래파의 시도는 아방가르드로 인정될 뿐, 근대주의 건축 이념에 편입되지 못했다. 그림5-1

그림5-1. 신시가지(La Citta Nuova), 안토니오 산텔리아, 1914.
(위키피디아, 2018. 5. 17. 접속)

그림5-2. 바이센호프 주택단지 박물관, 르 코르뷔지에, 1927.

S. 기디온(Sigfried Giedion)은 《공간, 시간, 건축》(Space, Time and Archi-
-tecture)에서 기능주의가 결합된 조형주의를 일종의 근대적 시대정신이라
확신하고 건축의 배후 혹은 상호 연관으로서 그 시대의 정서, 감정을 중요
시했다.(S. 기디온, 2권 2쪽) 기디온의 시간 개념은 학문이나 문화 현상 속
에 그 시대의 정신적 공통감이 존재한다는 정도의 의미이다. 그림5-2

건축의 근대주의는 도시와 건축을 새롭게 정의하고 문명세계를 변화
시켰으나, 1980년대 이후 건축에는 새로운 경향이 감지된다. 새로운 경향
의 핵심은 건축의 본질로서 공간과 형태에 추가된 시간의 개념이다. 현대
철학과 미학은 그것들이 대상으로 다루는 세계의 본질로서 공간과 형태를
넘어선 시간과 생성의 문제를 탐구한다.

로잘린드 크라우스(Rosalind Krauss)는 "…공간예술의 경우에서도 분
석을 위해서 공간과 시간이 분리될 수 없다는 점이다. 어떠한 공간 구조
물에도 시간적 경험의 속성이 묵시적으로 내재해 있을 것이다. 현대 조각
사의 연구는 형태의 특정한 배열이 가져오는 시간적 측면에서의 결과를
논의하지 않고는 불가능하다… 현대 조각의 놀라운 측면 중 하나는, 조각
이란, 특히 정지와 움직임, 즉 포착된 시간과 흐르는 시간 사이의 결합점
위에 있는 매체라는 점을 조각가들이 더욱더 의식해 가는 과정이 작품을
통해 나타난다는 점이다. 조각의 근본적인 조건을 규정하는 바로 이러한
긴장으로부터 조각의 엄청난 표현력이 나오는 것이다."(로잘린드 크라우
스, 17쪽)라고 주장한다.

새로운 것에 대한 욕구

예술은 본질적으로 새로운 것을 추구한다. 자본주의 사회에서 '새로운
것'은 일상이 주는 지루함의 탈피와 기능적인 효율이 결합되어 가장 강력
한 상품이 되었다.

A. 바움가르텐(Alexander G. Baumgarten)의 감성의 철학으로서 미학과

그림5-3. MIT 스타타 센터(Ray and Maria Stata Center), 프랭크 게리(Frank Gehry), 2004.

l. 칸트의 '선험적 감성론'과 '숭고'에 대한 연구는 미에 대한 근대적 새로운 기준을 열어 놓았다. 건축의 본질이 조건과 규범이라는 전통적인 생각에 반하여, 프랑코 푸리니는 건축의 기본 요소가 '새로움, 볼만함, 기이함'을 포함해야 한다고 말한다.(프랑코 푸리니, 46쪽)

세상은 온통 새로운 것에 열광한다. 건축가, 비평가, 사용자는 각각 다른 새로움에 대한 이유로 나름의 건축을 생각하고, 산업화 환경에서 경쟁적으로 전략과 이론과 해석을 발명해야 한다는 강박에 빠져 있다. 건축에서는 건축방법론, 건축이론, 건축설계 과정, 건축 교육 등에서 새로움을 찾기 위한 자의적 건축운동이 과잉된다.

이 경향 속에 자신의 신념을 실현하기 위해, 혹은 생존 경쟁력을 위해 새로운 생각, 새로운 방향, 새로운 이론, 새로운 작품과 제품이 요구된다. 이제는 새로움 자체가 과거의 기준이었던 희소성의 가치, 진실과 진리를 대신한다. 건축에서는 새로운 방향성의 중심에 시간이라는 주제가 있다.


## 2. 건축과 시간


건축에서 시간이라는 주제가 구체적으로 드러난 적은 없다. 미래파의 미학적인 주장이 건축사에서 사라지고 난 후, 바우하우스와 국제주의로 대표되는 큐브와 기능주의 건축이 주류를 이룬다. 1980년대 이후는 새로운 미학에 토대를 둔 건축운동이 생겨난다. 속도와 반복, 비정형과 역동성 등의 시간이라는 주제로 설명될 수 있는 새로운 형태적 표현들이다. 그림5-3

1988년 영국에서는 해체주의 건축 심포지움이, 같은 해 뉴욕 현대미술관에서는 필립 존슨(Philip Johnson)과 마크 위글리(Mark Wigley)의 기획으로 해체주의 건축전이 열렸다. 해체주의 건축가들의 건축적 경향은 세계의 본질로서 시간에 대한 사유, 새로운 양식적 발견을 위해 시간을 담으려

그림5-4. 빌라 사보아, 르 코르뷔지에, 1929.

는 노력, 그리고 새로움의 추구로 나타났다. 설계에 참조할 수 있는 건축의 시간적 요소는 다음과 같다.

① 시간적 요소

건축가는 사용자의 이동에 따른 공간적인 연쇄, 사용자나 감상자의 접근과 멀어짐에 따른 경관적인 변화, 형태나 공간을 조합하고 구성하는 디자인 과정, 태양의 움직임에 따른 공간과 형태의 시각적 이미지의 변화를 건축의 주제로 가져올 수 있다.

바람, 습도, 계절, 낮과 밤 등 환경적인 요소가 시간의 흐름에 따라 건물을 변화시키고 공간을 변형시킨다. 시간의 흐름에 따른 사용자의 사용 빈도나 밀도의 변화 또한 건축가가 응용할 수 있는 시간적 요소이다.

② 심리적 작동

건축은 추상적인 형태와 공간으로 구성된다. 감상자는 형태나 공간의 높이나 규모, 공간을 비추는 빛의 효과, 벽면의 요철이나 재료의 질감 등 건축적인 조작에 따라 어떤 느낌을 갖는다.

특정한 장소에 머무는 동안에도 시간이 경과하고 감상자의 시선이 움직이면서 느낌은 변화한다. 건축적인 환경은 일종의 자극이고, 감상자는 자극에 반응하는 반응체이다. 건축물을 보는 감상자의 심리적 작동, 즉 건축적 느낌은 자극과 반응에 따라 일어나는 것이고 건축을 시간화하는 단서가 될 수 있다.

③ 시점의 변화

르 코르뷔지에(Le Corbusier)는 '빌라 사보아'(Villa Savoye)에서 '건축적 산책'(architectural promenade)을 주장한다. '건축적 산책'에서 공간과 형태는 사용자의 이동에 따라 연쇄적으로 전개된다. 시간적인 연쇄는 설계자의 공간 구성에서도 핵심이 된다. 그림5-4

그림5-5. 성 피에트로 대성당, 1626.

공간의 성격은 시간의 경과 속에 경험했던 공간의 대비를 통해서 드러
난다. 즉 시점의 변화를 만들어내는 것이 건축의 시간성을 사용하는 방법
중 하나이다.

### ④ 이야기 구조

건축은 한 장의 회화를 감상하듯, 한 번의 시선으로 일견되지 않는다.
멀리서 도시적인 스케일로 건물의 형태 특징을 보고, 가까이서 건물 세부
의 입체감과 재료의 색상, 물성을 느낀다. 진입공간을 지나 내부에 들어서
면, 형태는 공간으로 변모한다. 감상자는 건축가가 설정해 놓은 동선에 따
라 크고, 작고, 깊고, 높고, 트이고, 막힌 공간적인 전개, 즉 건축적 이야기를
좇게 된다.

건축가는 감상자 입장에서 형태와 공간의 시퀀스 경험을 이야기 전개
처럼 구성할 수 있다. 또한 사용자의 행위와 사건의 구조적 파악을 토대로
벽과 바닥 등의 건축 요소를 사용하여 공간을 구성한다. 건축은 공간의 연
쇄 속에 사용자의 행위와 사건의 이야기를 구조로 만들어가는 것이다.

건축의 시간성은 다층적이다. 프로그램 속에 담기는 데이터, 사용자의
사용, 우연과 필연이 개입되는 설계 과정, 건축물의 구축 시간, 그리고 건축
물의 쇠락과 변형은 시간성이 담기는 것이다. 건축가는 건축의 다층적 시간
성을 이해하고 사용자의 사용을 이야기 구조로 건축화할 수 있어야 한다.

### ⑤ 참여, 변화, 축적

건축물은 정신과 이념을 얼려 굳힌 형태나 박제된 공간 개념이 아니다.
건축물은 사용자의 참여로 살아난다. 공간에 사용자의 행위가 참여함으
로써 사건으로서 건축이 시작된다. 크리스마스 신도들이 가득 차 있는 로
마의 '성 피에트로 대성당'(St. Peter's Basilica) 광장은 텅 빈 새벽의 그곳과
전혀 다르다. 그림5-5

눈이 가득한 풍경의 선운사, 낙엽과 단풍의 선운사는 같은 공간이 아

그림5-6. 부산 영화의전당, 쿱 힘멜블라우(Coop Himmelb(l)au), 2011.

그림5-7. 제주 두손지중박물관, 이타미 준(伊丹潤), 2006.

니다. 계절마다 다른 풍경, 누적된 세월을 담고서 변해가는 것이 건축과 공간이다.

⑥ 역동성

A. 산텔리아의 스케치를 보면, 빠른 손놀림이 연상되면서 건물과 도로 등에서 속도감과 역동성이 느껴진다. 20세기 초 러시아 구성주의와 미래파의 건축, 예술가들은 형태에 잠재되어 있는 시간성에 관심을 가지고 있었다. 시간성이란, 완결된 정적 형태가 아닌 긴장감과 운동감의 역동적 형태, 조형적 완결성이 아닌 시간적인 지연과 유예, 본질의 내적 표현이 아닌 표면의 감각적 표현과 관련된 것이다. 그림5-6

⑦ 벽의 감각

건축가들은 평면에 벽의 위치를 지정해서 공간의 크기를 정하기도 하고, 두 공간을 구획하는 벽의 높이를 일부 낮추거나 창문을 만들어서 시각적으로 연결하기도 한다. 부분을 돌출시키거나 함몰시킬 수도 있다. 그곳에 빛이 비치면 다양한 시각적 효과가 생긴다.

벽은 환경을 조절하고, 공간을 구획하고, 하중을 처리하는 구축적인 요소인 동시에 다양한 감각적인 효과를 경험하도록 하는 것이다. 강직한 느낌이나 부드러운 흐름, 반복, 중첩, 변화를 느끼게 하고 시각적 리듬과 쏠림 등의 감각을 만들어 낼 수 있다. 그림5-7

⑧ 창과 문

두 공간이 벽으로 구획되고 벽에 창이 나 있는 경우, 사용자는 접해 있는 두 공간에서 새롭게 일어나는 일을 눈으로 확인할 수 있게 된다. 실내에 있는 사용자가 창문을 통해서 외부 마당에 있는 미루나무를 바라본다면, 그리고 바람에 펄럭이는 잎의 움직임을 보게 된다면, 사용자는 벽을 바라볼 때와 다르게 시간의 흐름을 쉽게 느낄 수 있다. 사용자는 창문을 통해

그림5-8. 강릉 선교장 활래정(活來亭), 19세기.

서 외부의 변화를 느끼는, 즉 자극과 반응의 시간성 속에 있는 것이다.

실내에서 바깥 풍경을 보는, 방법을 경치를 빌린다는 의미로 차경(借景)이라 한다. 안에서는 밖의 풍경 변화를 볼 수 있고, 밖에서는 안에 있는 사람의 움직임, 조명의 변화, 커튼의 열림과 닫힘 등의 변화를 볼 수 있다. 그림5-8

⑨ 복잡성과 디테일

관찰자에게 건축물은 전체적인 크기, 비례, 그리고 입체감이 먼저 느껴진다. 관찰을 계속하면 평면과 공간의 구성이 읽히고, 재료의 물성과 입체 효과, 구법과 결합된 부재의 디테일이 보인다.

건축은 교향악처럼 주제와 변주, 흐름과 변화, 전체와 디테일이 함께 있는, 음악적이고 시간적인 작품과 같다. 부분과 전체의 조화를 표현하며 시간적으로 풍부하게 감상되도록 구성하는 것은 건축에서 도입되는 중요한 시간성이다.

⑩ 미래를 위한 작업 과정

삶은 미래로 지속되는 것이어서, 건축은 미래를 위한 것이고 예언적인 것이어야 한다. 건축물은 사용자의 필요에 따라서 용도가 바뀌기도 하고, 시간이 흐르면서 일부분이 변경되기도 하고, 심지어 소멸하기도 한다.

건축가는 설계할 때, 건축물이 오래 사용되는 것만이 아니라 미래 환경과 반응하도록 해야 한다. 보통은 50년, 100년이 지나도 쉽게 없어지지 않는, 내구성 있는 재료가 사용된다. 그 재료들은 쉽게 산화되거나 폐기되지 않기 때문에 계획되고 지어질 때부터 교체 가능성이나 소멸 주기를 고려해서 설계해야 한다.

# 시간에 대한 관심

## 역사 속의 시간

고대 인류는 자연현상을 관찰하면서 시간 개념을 정립했다. 고대 이집트인은 새벽을 하루의 시작으로 하였고, 바빌로니아인과 유태인, 무슬림은 일출을 하루의 시작으로 생각했다. 역일(曆日)의 개념을 만들면서 자정을 하루의 기점으로 정해야 할 필요성을 느꼈다. 하루의 개념은 1925년 1월 1일 국제협약에서 자정 기준을 통일하여 정립되었다. 달력을 만들고 시계를 발명하면서 계량 가능한 시간 개념이 정립되고 시간에 의한 사회적 통제와 지배가 이루어졌다.

그리스인은 순환적 시간관과 선형적 시간관의 상호 모순된 시간 개념을 가졌다. 순환적 시간관은 크로노스(chronos)의 시간으로, 유한한 시간, 물체의 시간, 현재에 의해 지배되는 운동, 광대하고 심층적인 현재의 시간 개념이다. 선형적 시간관은 아이온(aion)의 시간으로, 무한한 시간, 사건의 시간, 과거나 미래만이 시간 속에 존속한다.

## 철학에서 시간의 개념

그리스인은 세계와 물질의 근본에 대해서 깊이 생각하면서 지금까지도 유효하고 가능한 많은 생각을 세상에 드러내었다. 그리스인의 사상과 개념은 현대에서도 연구되고 회자된다.

헤라클레이토스(Heraclitus)는 변화와 갈등의 세계가 시간을 통해서 질서와 균형의 원칙에 지배를 받는다고 한다. 아낙시만드로스(Anaximandros)는 아페이론(apeiron)이라는 비물질적 근원을 세계의 근원이라 주장한다. 창조된 모든 것은 사멸하며, 서로에게 저지른 불공정은 시간의 재판으로 보상된다고 말한다. 파르메니데스는, 유일한 시간은 현재의 시간이며, 존재하는 것은 창조되지 않았고 소멸하지도 않는다고 했다. 시간과 변화로 특징지어지는 현상의 세계와, 무변화와 무시간의 실체 세계를 구분한다.

I. 칸트는 근대적인 시간과 공간의 개념을 정의한다. 경험으로 사물을 받아 들이기 전에 선험적으로 인식할 수 있는 직관적 형식이 시간과 공간이다. M. 하이데거는 시간의 세 가지 양태(미래, 현재, 과거)를 현존재의 실존적 방식으로 정의한다. 미래는 자신에게 다가갈 수 있게 해주는 의미로서 '다가감'으로, 현재는 어떤 상황에서 현실적으로 가능한 것들에 마주서 있음을 의미하는 '마주함'으로, 과거(기재)는 지나가 버리고 이미 있음을 뜻하지만, 현존재가 자신의 있어왔음의 방식을 끊임없이 떠맡고 있다는 의미로 '있어왔음'으로 정의한다.

엠마누엘 레비나스(Emmanuel Lévinas)는 "시간의 작업은 단순히 창조 이상이다. 창조는 현재에 고착되어 있고 '피그말리온'의 슬픔 이외에 창조자에게 주는 것이 없다. 시간은 우리의 영혼의 상태, 우리의 속성의 혁신 이상이다. 시간은 본질적으로 새로운 탄생이다."라고 말한다. H. 베르그송은 거짓된 문제를 극복하는 과정이 직관이고 '주관과 대상에 대한 질문, 주관과 대상의 합치에 관한 질문은 공간이 아니라 시간에 관련하여 제시되어야 한다.'라고 말한다.

## 물리학에서 시간의 의미

라이프니츠와 뉴턴이 동시에 발견한 미·적분 개념은 수학적인 성과 이상의 것이다. 미분 개념은 시간을 거리 개념, 즉 선적 개념으로 환언하는 것이다. 클라우지우스에 의해 정립된 엔트

그림a. 계단을 내려오는 나부 2, 마르셀 뒤샹,
1912, 필라델피아 미술관 소장.

로피 법칙에 따르면 시간의 흐름에 따라서 사용 가능한 에너지가 소실되고, 엔트로피가 증가하고 안정되고 균질화 상태에 도달한다.

선적 개념의 시간관은 A. 아인슈타인에 의해서 전면 수정된다. 존재하는 모든 물질의 측정 가능한 속도는 빛의 속도 이상을 넘어서지 못하고, 어떤 물질이 빛의 속도에 접근한다면, 길이는 축소되고 무게는 증가되며 시간은 느려진다. 상대성이론은 두 물체 간에 적용되던 뉴턴의 만류인력법칙을 물체 자체가 가지는 공간적 성질, 즉 중력장의 개념으로 바꾸어 놓았다. 중력장에서는 공간도, 시간도 휘어지고 왜곡된다.

예술에서 시간 표현

시간 개념에 대한 표현은 현대 예술에서 중심적인 과제 중 하나이다. 첫째 배경은 사진술에서 영화로 발전하는 기술적 발전이고, 두 번째는 예술의 본질을 자극과 반응, 작용과 반작용의 심리적 작동에 둔 시간 자체에 대한 문제의식이다.

조각가 리처드 세라(Richard Serra)는 3분짜리 영화 '납을 잡는 손'(Hand Catching Lead, 1968)을 제작했는데, 연속해서 떨어지는 금속 조각을 잡으려는 손을 촬영한 것이다. 반복 행위로만 구성된 영상은 유럽 합리주의 전통을 거부하고 시간 개념을 예술의 전면에 등장시킨다. 이보다 수십년 전 마르셀 뒤샹(Marcel Duchamp)의 '계단을 내려오는 나부'(Nu descendant l'escalier, 1912)는 연속 장면을 중첩시켜 시간 문제를 표현했다. 로버트 모리스(Robert Morris)는 연극적 요소(무대, 관객, 시간)를 퍼포먼스로 제작하여 연극과 조각의 경계에서 실재적 시간의 개입이라는 미학적 논란을 불러 일으켰다.

빛, 장소, 형태

# VI. 빛과 공간

## 1. 모든 것의 시작, 빛

빛에 대한 생각은, 주로 서양의 관점이지만 세 가지로 정리할 수 있다. 첫째, 신화 혹은 종교적 태도로서, 빛은 모든 것의 원천이고 시작이며, 창조 자체라는 믿음이다. 둘째, 메타포로서 빛이다. 동서양을 막론하고 태양에 대한 상징과 비유는 초월적인 힘과 근원, 신 혹은 신적 권위를 나타내는 것이다. 빛은 하느님 말씀으로서, 로고스, 동물적인 무지에 대한 계몽의 비유와 상징이 된다. 셋째는 물리적인 빛이다. 광합성의 원천, 그리고 일조, 일사, 태양열 등이 해당된다.

빛은 형태와 공간에 대한 감각적 인지의 기본 조건이다. 감각을 통해서 인식되는 빛은 세 가지 특성이 있다. 빛은 발광체로서 스스로 빛나고, 다른 것을 비추고, 매질(媒質)을 투과한다. '빛나고' '비추고' '투과하는' 빛은 인간을 인식, 경험, 창조의 세계로 이끈다. 어둠 속에서 경험하는 빛은 일식과 월식, 오로라나 여명, 구름 속의 빛처럼 신비롭고 숭고해서 사람들에게 형이상학적 영감을 주기도 하고 종교적 감흥을 주기도 한다.

사진, 영상, 건축, 패션 등의 시각예술 분야에서 사람들은 역광, 현휘, 반사, 확산, 실루엣 등의 효과를 이용해서 인상적인 표현을 만들어 왔다.


## 2. 회화의 묘사와 건축의 구상

회화의 역사는 대상을 묘사하는 것에서 시작된다. 사람들은 눈에 보이는 대상을 주술적인 의미로 그렸고, 묘사의 수법으로 역사적 사건이나 업적을 기록했고 아름다운 풍경이나 인물을 그렸다. 3차원의 대상과 공간을 2차원의 화면에 그리는 것이 회화적 표현의 기본 성격이다.

그림6-1. 로코 하우징 II, 안도 다다오, 1993.

그림6-2. 샌프란시스코 연방빌딩, 모포시스(Morphosis Architects), 2007.

그림6-3. 그랑 루브르(Le Grand Louvre), I. M. 페이(Ieoh Ming Pei), 1989.

에이드리언 포티(Adrian Forty)는 회화적 표현인 드로잉이 르네상스 때부터 사용되면서, 건축은 건축적 구상을 그리는 설계와 구상의 실현인 건설로 나뉠 수 있었다고 한다. 드로잉은 건축 구상의 내용으로 그려져 건설과정에서 시공자와 소통할 수 있는 도구가 된 것이다.

### 빛과 재료의 물성

빛은 건축 조형의 모든 것이라 할 수 있다. 보고, 구상하고, 표현하는 것이 필요한 건축 조형에서, 건축의 용어는 대부분 빛과 관련되어 있다. 건축물은 일정한 단위의 형태 요소들로 구성되고 조합되므로, 건축적인 입체감은 덩어리 형태의 구성으로 드러나는 시각적 효과, 빛이 만드는 함몰부와 돌출부의 음영 효과, 그리고 '솔리드-보이드(solid-void)의 효과'가 혼합되어 나타난다. 그림6-1

재료의 표면 성질에 따라 빛이 투과, 흡수, 반사됨으로써, 재료는 물질성, 물체성, 형태성을 드러낸다. 표면 성질이 투명하면, 빛은 투과되면서 내부를 비추어 보여준다. 물론 투명한 재료도 표면에서 일부 반사되는 빛에 의해서 건물이 형태와 색을 띠게 하나, 불투명한 재료에 비해서 물질적이고 물체적인 느낌은 없어진다. 반투명한 재료는 물질성과 비물질성의 중간으로, 확산체나 발광체의 빛 효과를 표현하는 데 사용된다. 투명 혹은 반투명한 재료를 여럿 겹쳐 사용하는 레이어링(layering) 수법은 다양하고 깊이감 있는 건축물의 표정을 만드는 데 많이 사용된다. 그림6-2

현대 건축가들은 기능성과 표현력이 다양한 유리를 즐겨 사용하는데, 유리의 경량성과 비물질성, 비물체성을 선호하는 것이다. 그림6-3

### 솔리드 볼륨과 보이드 볼륨

건축 형태는 매스(mass)와 볼륨(volumn)이 복합된 조형 대상이다. 매스

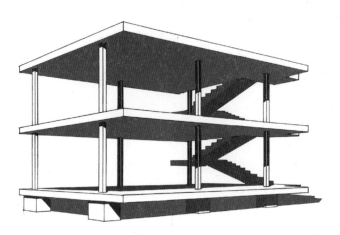

그림6-4. 돔이노 이론, 르 코르뷔지에, 1914. (저자 재작도)

는 중력이 작용하는 환경에서 조형적인 덩어리를 말하고, 볼륨은 내부에 공간을 가지는, 즉 부피로서 덩어리를 말한다. 건축적으로 매스는 볼륨에 중량적, 물질적 성격을 추가한 개념이다.

르 코르뷔지에의 '돔이노(Dom-ino) 이론'이 보여주듯이, 건물의 하중을 기둥으로 처리할 수 있게 되면서 창문은 수평 띠창에서 더 넓게 확장되어 유리 커튼월이 된다. 건축가는 수직과 수평으로 연속적이고 반복적인 멀리언과 트랜섬의 유리 프레임을 사용해서 투명한 '보이드 볼륨'을 구현할 수 있게 되었다. 크고 작은 불투명 매스를 조합하는 디자인 수법은 솔리드 볼륨과 보이드 볼륨을 혼성해 구성하는 방식으로 확장되었다. 그림6-4

### 음영

근대건축의 형태 구성은 비례, 대칭 등과 같은 고전적 도상 미학에 기초하지만, 외피 디자인은 새로운 회화적 수법이 도입되었다. 근대건축가들이 중요하게 의식한 것은 하얀 벽이었다. 평평한 외벽에 햇빛이 비치면 입면은 하나의 회화적인 화면이 된다. 건축가는 창문이나 차양 등에 돌출과 함몰의 음영 효과를 이용하여, 입체 패턴을 디자인하였다.

음영을 사용한 입체적 구성은 그리스·로마시대부터 중요한 건축 수법이었다. 양감을 공부하기 위해 석고 데생이나 스케치를 훈련하는 것이 건축 수련에서도 중요한 이유는 2차원의 회화적인 표현과 3차원의 형태 구성에서 입체감의 문제가 공유되기 때문이다.

### 3. 빛의 이용과 조절

빛은 공간, 조형, 색 그리고 이미지 등에서 시각적인 건축 디자인을

그림6-5. 로마 판테온, 125년경.

가능하게 하는 조건이 된다. 시각은 현상을 파악하는 데 가장 중요한 감각이지만, 착시나 환시 등의 오류를 만들기도 한다. 시각적인 인식 오류라 할지라도 감정을 자극하고 심리효과를 만들어내는 만큼 시뮬라크르(simulacre)의 힘을 갖기도 한다.

로마의 '판테온'(Pantheon)은 신에게 바쳐진 신전이다. 정신이 담긴 상징적 형태의 전형이다. 돔 지붕의 중앙 원형 천창에서 내리는 빛은 시간에 따라 움직이면서 구형의 내부를 비춘다. '판테온'에서 빛은 건축적 원리로서 공간을 만드는 빛이다. 그림6-5 '성소피아 대성당'(537년경)의 빛은 돔과 돔 주변의 40여 개 아치 창에서 성당 내부를 내리비추면서 산란한다. 마치 천상의 노래처럼 흠모와 경탄을 자아낸다.

빛과 건축이 하나인 것을 보여 준 건축가는 루이스 칸(Louis I. Kahn)이다. 칸에게 빛은 공간을 건축의 본질로 드러내는 핵심이 된다. 그는 기하학적 형태와 구조를 결합하여 빛의 건축을 실현한다. 루이스 칸의 빛을 우르스 뷰티커(Urs Buttiker)는 다음과 같이 설명한다. "구조는 빛에서의 디자인이다. 볼트, 돔, 아치, 기둥과 같은 구조는 빛의 성격과 관련된다. 자연의 빛은 하루에 시간이 흘러감에 따라, 또 1년 중에 계절의 변화에 따라 미묘한 차이를 보인다. 이렇게 변화하는 빛은 공간의 분위기를 바꾼다. 그 빛은 공간을 비추며, 공간을 변화시킨다."(우르스 뷰티커, 8쪽) 그림6-6

## 빛의 제한

다니엘 리베스킨트(Daniel Libeskind)는 베를린 '유태인박물관'(Judisches Museum)과 샌프란시스코 '유태인미술관'에서 강제적이고 인위적으로 찢긴 형태의 창을 설치하여 강력한 빛과 조형을 만들어낸다. 투명 혹은 반투명의 창들로, 내부에서는 갈라진 벽의 틈을 타고 빛이 선으로 흐르고, 외부에서는 창의 모양을 따라 내부의 빛이 발광한다. 그림6-7

많은 고딕성당은 정면의 로즈 윈도우나 측면의 뾰족한 아치 형태의 창

그림6-6. 킴벨미술관(Kimbell Art Museum), 루이스 칸, 1972.

그림6-7. 베를린 유태인박물관, 다니엘 리베스킨트, 2001.

그림6-8. 롱샹교회 내부, 르 코르뷔지에, 1954.

그림6-9. 드 영 박물관, 헤르조그 앤 드 뫼론, 2005.

이 스테인드글라스로 장식된다. 성당 내부는 창을 투과해 들어오는 영롱한 빛으로 신의 공간이 된다.

르 코르뷔지에의 '롱샹교회'(Notre-Dam-du-Haut, Ronchamp)는 두꺼운 벽에 난 창에서 내부로 들어오는 제한된 빛이 아름다운 교회 공간을 만들어낸다. 그림6-8 안도 다다오(安藤忠雄)의 '빛의 교회'는 벽면에 난 십자 모양의 창으로 들어오는 자연광이 스스로 빛나는 십자가를 만든다.

### 투명 효과와 반투명 효과

악셀 슐테스(Axel Schultes)와 샤를로테 프랑크(Charlotte Frank)가 설계한 베를린 '바움수렌베크 화장장'(Krematorium Baumschulenweg)은 가늘고 긴 노출콘크리트 원기둥이 불규칙하게 배치되었고, 기둥과 슬래브가 원형의 천창으로 분리된 듯 연출되었다. 지붕을 받치는 기둥 주변에 링 모양의 천창을 통해 들어오는 빛과 불규칙하게 배치된 나무 모양의 기둥이 독특한 추모의 분위기를 만들어낸다.

헤르조그 앤 드 뫼론(Herzog & De Meuron)은 샌프란시스코 '드 영 박물관'(De Young Museum)에서 다양한 패턴으로 동판을 펀칭하여 낯선 질감의 거대한 덩어리를 선 보인다. 내부는 투명한 창으로 보이는 펀칭 동판 벽이 겹쳐져 독특한 장면을 연출한다. 그림6-9 런던 '라반 댄스 센터'(Laban Dance Centre)에서는 반투명 컬러 유리로 비물질적인 외관을 만든다. 반쯤 투과된 자연광이 우유빛으로 얼룩지는 내부 공간을 연출한다.

### 빛의 집중

외벽의 돌출과 함몰 부분에 조명을 비추어 강조하면, 주간의 조형적인 느낌과는 전혀 다르게 보인다. 고전양식의 건축물에서 주두와 기둥, 페디먼트, 코니스 장식들, 돌 쌓기된 외벽 등에도 새로운 효과를 만들어낸다.

그림6-10. 1920년대에 조성된 상하이 호우탄(后灘) 거리의 고전주의 풍경.

LED 조명은 전기 사용량에 비해 밝기가 상당하고 색상 연출도 자유로워, 미디어월에 사용되곤 한다. 그림6-10

## 발광체 효과

커티스 펜트레스(Curtis Fentress)가 설계한 '덴버 공항'은 텐트 지붕 구조이다. 빛이 투과되는 반투명한 재질의 텐트 지붕은 주간에 내부 공간을 안온하고 은은한 중성적인 분위기를 만든다.

류춘수의 서울 '체조경기장'도 반투과된 빛이 중성적인 공간 분위기를 만든다. 패브릭 지붕은 링 텐션 스트럭쳐를 구성하는 와이어와 철골 구조물들, 여러 방향으로 연결되는 캣워크가 함께 어우러져 독특한 내부 분위기를 연출한다. 외관은 패브릭 재료의 반투명한 특성으로 야간에는 유리건축과는 달리 우유빛 발광체로 빛난다.

## 빛의 시간성

앙리 시리아니(Henri E. Ciriani)의 페론 '전쟁기념관'(Museum of the Great War)은 작은 돌기들이 둥근 콘크리트 표면에 균일하게 분포한다. 돌기의 그림자는 시간을 표현한다. 태양의 입사각과 방위각에 따라 그림자가 길어지거나 짧아지고, 방향도 변한다. 긴 복도에 수직으로 반복된 창이나 유리창의 세로 프레임도 시간이 지나며 외부 햇빛의 방향에 따라 바닥에 비친 연속적인 그림자가 변하면서 시간성을 표현한다.

## 빛의 결합

르 코르뷔지에는 '유니테 다비타시옹'(Unité d'habitation)과 '라뚜레트 수도원'(Sainte-Marie de La Tourette) 등에서 빛에 의한 음영 효과를 반복과

그림6-11. 라뚜레트 수도원, 르 코르뷔지에, 1960.

그림6-12. 센다이 미디어테크, 이토 도요, 1989.

리듬이라는 시적 표현으로 전환한다. 그리스·로마 건축에서 보이는 열주의 배열 수법을 조형의 바탕이 되는 흰 벽에 추가하면서 근대건축의 회화적 조형성을 만들어낸다. 그림6-11 안도 다다오는 노출콘크리트 건축물에서 르 코르뷔지에의 추상회화 개념을 더욱 금욕적이면서도 감각적으로 발전시킨다.

전통 한옥에서 빛은 입체감이 극대화된 음영 효과를 만들어낸다. 기둥과 벽의 구성, 깊은 처마 지붕의 구조, 밖으로 드러난 창살, 암수 기와로 반복 구성된 지붕 골과 마루, 서까래와 부연 등을 빛과 조응된 건축의 형태적, 조형적 요소로 사용한다.

## 기술적인 이용

태양광과 태양열은 건축기술과 결합되어 사용된다. 선큰은 지하층에 일조를 끌어들이기 위해 조성된 외부 공간이고, 아트리움은 대규모 공간의 내부에 햇빛을 끌어들이는 건축적 장치이다.

노먼 포스터(Norman Foster)의 홍콩 'HSBC 빌딩'이나 이토 도요(伊東豊雄)의 '센다이 미디어테크'는 자연광을 건물 내부 깊숙이 끌어들이기 위해 반사경이나 집광시설을 설치한 것이다. 한옥의 깊은 처마는 기계적 조작 없이 계절별 일조를 조절하는 사례이다. 그림6-12

# VII. 건축과 장소

## 건축은 대지를 변형한다

태초에 대지(terra)가 있었다. 문화, 예술, 산업, 인간의 모든 삶이 대지에 관계된다. 대지는 인간의 삶에 영향을 미치는 땅(soil), 물(water), 바람(wind) 혹은 대기(air), 햇빛(daylight)을 포함한다. 인간은 땅 위에 살고, 땅에서 생긴 것을 직접 혹은 가공하여 먹고 산다. 대지에서 필요한 모든 것을 추출하고 사용하기 위해 대지를 변형시킨다. 대지의 변형인 건축은 땅, 물, 바람, 햇빛의 예술이다.

## 도시와 건축

도시는 삶의 터전이자, 해석과 참조의 대상이 되면서 도시에 사는 사람들의 정체성을 말해준다. 도시 전문가들은 도시를 만드는 목적과 원리, 해석하고 감상하는 방식을 이론화했다. 효율적인 기능의 구성과 시각적인 아름다움의 원칙을 연구해 왔지만, 도시는 생명체처럼 독자적으로 생성하고 소멸하고 발전하는 것처럼 보인다.

도시에는 거주를 중심으로 하는 흐름과 운반이 있다. 사람들은 거주와 이동에 필요한 시설을 만든다. 자연 상태의 지형에 건축물, 도로, 광장을 조성한다. 건축은 도시의 구성 요소이지만 자기 독립적이다. 비유하자면 이동성 혹은 운동성을 가진 동물적 유기체가 아니라, 한곳에 머물고 장소에 고정된 식물적 생태와 유사하다. 주변 환경에서 물질과 에너지를 받아들이고 내보낸다. 햇빛이나 바람과 교류하고 풍경과 분위기를 만든다. 건축에서 식물적 생태 조건의 의미를 해석한 것이 장소라는 개념이다. 장소는 특정한 위치의 지리적 환경 조건에서 출발한다.

건축의 장소성은 도시적 성격, 지형적 성격, 역사적 성격으로 정의된다. 도시성은 거주와 이동을 위해서 만들어진 것인데, 그렇게 만들어진 도시적 형성물 속에 현재의 상황으로 규정된다. 현재의 상황은 반복적이고 순환적인 변화 과정 속에 있다. 지형성은 제한된 토지의 규모, 형태·고저·지질, 녹지환경 등의 물리적 상태로 규정된다. 역사성은 지명, 영토적 경계, 역사적 자료 등 인문적이고 지정학적인 삶의 누적된 내용으로 규정된다.

### 영토화와 의미화

대지는 인간의 거주와 경작을 통해서, 즉 '소유'과 '변형'을 통해서 영토가 된다. 땅이 경작지가 되기 위해서 적당한 평평함과 알맞은 거름의 정도를 가져야 한다. 소유가 되기 위해서 필지로 구분되고 기록되어야 한다.

대지는 거주와 경작을 위한 영토가 되는 과정에서 일종의 코드화를 거친다. 그러나 영토화만으로 건축적인 의미의 장소가 되지 못한다. 영토는 표현과 기호의 의미화 과정을 겪는다. 예를 들어, 침실은 특정한 기억과 사랑의 장소가 되고, 궁궐은 통치와 권위의 상징이 되며, 쥐불놀이 하던 들녘은 유년의 추억이 있는 장소가 된다. 이것은 의미화의 과정이자, 장소화의 과정이다.

### 풍경에서 장소로

장소화되기 이전의 대지는 시각적인 하나의 풍경이다. 풍경의 대지가 장소가 된다는 것은 언어학에서 말하는 이중분절과 유사한 특성이 있다. 언어가 소리(형태)로서 언어와 의미로서 언어가 분절되어 재결합하듯이, 장소는 장소화 과정으로 내용과 표현의 이중적인 분절을 거친다. 내용이 소유와 변형이고 표현이 기호와 의미이다.

대지는 프로그램과 만나고 특정한 장소를 만들기 위한 변형이 이루어진다. 곧 공간과 형태를 가지게 된다. 이것이 내용으로서 장소화이다. 표현으로서 장소화는 기억과 상징이 시간적으로 축적되고 여러 생각이 종합되어 기호적 해석과 관계적 의미를 갖는 것을 말한다. 이제 시각적인 풍경의 대지는 내용과 표현이 결합된 장소가 된다.

장소화 과정에서 가장 중요한 결정은 배치에서 일어난다. 건축가는 건물이 놓이는 대지의 범위와 모양, 지형의 고저, 도시 요소와의 연결성, 사용자의 접근, 건물과 오픈스페이스 관계, 조망과 통경축 등과 같은 물리적 요소를 찾아내야 한다. 그리고 요소 간의 관계를 분석하여, 주관적으로 해석할 수 있다.

16세기 별서, 담양의 소쇄원(瀟灑園)은 장소화의 백미로 꼽힌다. 양산보는 제월당과 광풍각, 정자와 다리의 배치를 위해서 나무, 능선과 골짜기, 흐르는 물, 바람의 요소에 사람의 움직임과 머묾을 중첩시키면서 생각했을 것이다. 지형과 형태를 계절과 하루의 시간과 병치시키고, 고정된 것과 움직이는 것을 같이 생각하고, 보이는 것과 들리는 것을 동시에 고려했을 것이다. 양산보의 배치는 골짜기 풍경을 새로운 경관 장소로 바꾼다. 시간이 흐르면 풍경에서 장소가 된 어떤 곳은 다시 새로운 장소화의 해석을 기다리는 풍경이 된다. 새로운 의미 부여와 장소화를 위한 대지로서 말이다. 그림7-1

### 풍수지리

풍수지리는 인간의 입장에서 자연을 해석한 전통적인 가치관 중 하나이다. 세상의 풍경을 건축 혹은 산소의 장소로 변환시키기 위한 해석 방법이라 할 수 있다. 우리의 조상들은 산세와 물길 등의 지리 형상을 길흉화복(吉凶禍福)의 영향 관계로 이해했다. 풍수는 세속적 구복과 부귀영화를 기원하는 도참사상을 포함하지만, 지형과 환경을 체계적으로 해석하려는 일종의 전통적인 인문지리학이다.

풍수지리는 땅의 기운이 사람에게 전해진다는 동기감응론(同氣感應論), 명당 기운의 발현이 땅 주인의 선하거나 악한 마음과 관련되어 있다는 소주길흉론(所主吉凶論), 땅 모양과 물 흐름을 사람이나 사물의 형상에 견

그림7-1. 담양 소쇄원, 16세기

주어 음양과 길흉으로 설명하는 형국론(形局論)을 바탕으로 한다. 세부적인 이론은 간룡법(看龍法), 장풍법(藏風法), 득수법(得水法), 정혈법(定穴法), 좌향론(坐向論), 비보풍수(裨補風水) 등이 있다.

간룡법은 산의 정기를 용의 기운으로 보고 산세의 계열을 태조산(太祖山), 종산(宗山), 소조산(少祖山), 주산(主山), 안산(案山), 조산(祖山)의 단계로 파악하는 것이다.

장풍법은 명당 주변의 전후좌우의 사신사(四神砂)로 대표되는 산의 배치를 보는 법으로 바람을 막고 가두는 산세를 보는 것이다. 보통은 남주작(南朱雀), 북현무(北玄武), 좌청룡(左靑龍), 우백호(右白虎)로 명당의 주변 산세를 파악한다.

득수법은 명당 주변에 물의 흐름을 파악하는 것을 말한다. 명당을 바라보는 중요한 혈자리를 파악하는 것을 정혈법이라 하고, 터를 잡은 후 방향을 정하는 이론을 좌향론이라고 한다. 비보풍수는 풍수적 단점을 인공적으로 보완하는 것이다.


생태주의

21세기의 중심 주제는 생태주의이다. 생태와 환경이라는 화두는 향후 수십 년 동안 이 세계를 전망하고 산업, 문화, 경제 활동에서 절대적인 기준이 될 것이다. 건축 분야에서도 생태주의 건축, 친환경 건축, 지속 가능한 건축 등이 범람한다. 환경 오염과 자원 고갈이라는 위기 속에 건강과 안전이라는 주제가 지나치게 확산되고 있다.

자본화, 개인화된 웰빙(well-being)은 환경친화적인 의미와 혼돈된다. 친환경 소재라는 인식 때문에 목재를 과도하게 사용하는 것은 세계의 우림 지역을 황폐하게 한다. 건축을 포함한 모든 작업이 산업화되어 버린 현대에서 자신의 작업을 그린워쉬(greenwash)로 위장하며 친환경이라는 도덕적 상품화로 포장하는 것이 아닌지 유의해야 한다.

# Ⅷ. 건축의 형태

건축과 시각예술은 형태 구성, 미적 효과, 의미의 문제를 공통으로 가지고 있다. 특히 건축은 공학적 구법으로 실현되는 조형성을 본질로 한다. 현대에는 컴퓨터와 수학, 공학과 재료의 발전으로 상상에서 가능했던 여러 형태의 실험과 실현이 가능해졌다. 건축가는 구조와 구법을 토대로 상징적 의미, 시각적 미감, 도시 형태 구조 그리고 감성 효과를 연구해서 새로운 형태를 창안해야 한다.

## 1. 형태 생성의 분류

### ① 기하학 형태

P. 세잔느(Paul Cézanne)는 자연을 단순화시킬 때 기하학적 모양으로 변하는 사실에 흥미를 느끼며, 자연을 원기둥, 구, 그리고 원뿔로 다루고 싶어 했다. 그는 베르나르에게 "나는 자연에서 원통, 구, 원추를 봅니다... 지평선에 평행한 여러 선은 넓이를 줍니다."(김승환, 287쪽)라는 형태 해석에 대한 드로잉 원리를 주장했다.

형태의 기본을 기하학으로 생각했던 P. 세잔느의 생각은 입체파에 영향을 주었다. 건축에서 기하학 형태에는 상징적이고 정신적인 의미가 부여되었다. 기하학 형태는 현대에 와서 3차원의 형태를 다루는 컴퓨터 응용프로그램의 기본이 되어 있다.

### ② 지형과 지표면 형태

그리스 자연철학자 엠페도클레스(Empedocles)는 우주 만물이 네 가지 기본 원소인 흙, 물, 공기, 불로 이루어져 있고, 이들이 다양한 비율로 결합해 물질을 만든다고 주장했다. 흙은 형상 혹은 형태의 원형적 물질이었다.

대지 예술가들은 사막의 한가운데에서 계곡을 인공적으로 만들거나

그림8-1. 요코하마 여객터미널, 알레한드로 자에라 폴로(Alejandro Zaera Polo)+파시드 무사비(Farshid Moussavi), 2002.

그림8-2. 동대문디자인플라자, 자하 하디드, 2014.

바다에 인공섬을 만들면서 비중심적이고 거대한 형태 작업을 하였다. 또한 산과 산맥, 계곡과 같은 대지의 형상들은 많은 예술가에게 형태적인 영감을 주고 있다. 침식, 습곡, 단층처럼 자연에 의해서 변형된 지형들은 그 자체가 극적이고 아름답기까지 한 물리적 숭고를 보여준다.

지형과 지표면 형태를 참조하는 형태 실험은 해체주의 건축, 폴드(fold) 건축, 랜드스케이프 건축 등 모더니즘 이후의 경향과 연관이 많다. 그림8-1

③ 유기체 형태

유기체 형태는 운동, 에너지의 충돌, 속도 또는 이동에 의한 움직임과 연관된 것이다. 액체는 어느 정도 점성이 있고 에너지 작용으로 형태가 변화한다. 점성이 있는 액체는 표면장력에 의해 최소 곡면의 형태가 된다. 프라이 오토(Frei Otto)가 설계한 '뮌헨 올림픽 경기장'(1972)의 지붕 형태는 비누막을 본뜬 것이다.

파도나 포말 현상도 유동적 유체의 특성 중 하나이다. 형태 실험을 하는 건축가에게는 아메바와 같은 단세포 유기체도 중요한 참조가 된다. 유기체는 생존, 번식하기 위해 적응, 성장, 생식 혹은 분열하는 데, 종마다 형태가 독특하다. 다양한 유기체의 발생 단계적 형태는 구조와 스킨, 내부와 순환 시스템 등 건축과 유사성을 가지고 있다. 그림8-2

④ 디지털 형태

비유클리드 기하학, 프랙탈 기하학, 위상수학 등 현대 수학의 발전으로 새로운 디지털 형태의 실험이 가능해졌다. 이제까지 건축에서 다루던 것과 전혀 다른 문양과 이미지, 형태가 등장한다. 중력장과 블랙홀을 설명하는 다이어그램은 건축가들의 형태 착안에 직접적인 영향을 주었다. 그림8-3

⑤ 복합형태

"…용은 중국 한나라 이후에 만들어진 것으로, 9가지 종류의 동물을

그림8-3. 벤츠 뮤지엄, UN 스튜디오, 2006.

그림8-4. 댄싱 하우스, 프랭크 게리, 1996.

합성한 모습을 하고 있다. 얼굴은 낙타, 뿔은 사슴, 눈은 귀신, 몸통은 뱀, 머리털은 사자, 비늘은 물고기, 발은 매, 귀는 소와 닮았다. 입가에는 긴 수염이 나 있고 동판을 두들기는 듯한 울음소리를 낸다. 머리 한가운데에는 척수라고 불리는 살의 융기가 있는데, 이것을 가진 용은 하늘을 자유롭게 날 수 있다…."(한국어 위키피디어, 2018. 5. 13. 접속)

동양에서 '용'을 설명하는 내용의 일부이다. 서양과 아랍의 용은 사람과 적대적이고 잔인한데 비해, 동양은 초월적인 힘과 선, 활동성, 남성다움을 상징한다. 인간은 가지지 못하는 힘을 가진, 초월적인 존재를 상상에 의해 복합 형상으로 만들었다. 미술에서 콜라주와 낯설게하기, 영화에서 몽타주도 복합형태가 가지고 있는 잠재적인 힘을 보여주는 경우이다.

컴퓨터 3D 모델링 프로그램을 통해서 낯설고 복잡한 복합형태를 만들 수 있다. 라이노세로스 3D는 명령어 부울리언유니언(Booleanunion)으로 수학적 합집합 개념의 복합체를 만들 수 있다. 복합형태는 모든 인공물의 속성이다. 단위 형태는 복합이라는 과정을 거치면서 다른 새로운 것이 된다. 목조건축이나 범선도 각각의 부재가 결합되어 형성된 복합형태로 볼 수 있다. 그림8-4

## 2. 건축화의 관점

건축화는 공간, 형태, 프로그램, 구조, 재료의 건축 요소들이 관계되어 구체적이고 현실적인 건축물로 만들어지는 과정을 말한다. 앞서 언급한 형태 생성 분류가 일종의 유전자 구분이라면, 건축화의 관점은 유전적 형질이 구현되어 기능과 구조가 만들어지는 과정에 따른 구분이다. 건축화 관점에서는 형태를 다음과 같이 분류할 수 있다.

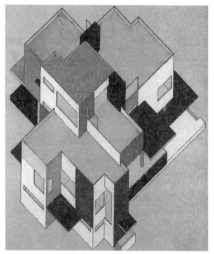

그림8-5. Hotel Particulier, 테오 반 두스부르흐+코넬리스 반 에스테렌, 1923. (thecharnelhouse.org, 2018. 2. 15. 접속)

그림8-6. 철골구조가 보이는 동대문디자인플라자, 자하 하디드, 2014.

① 공간화된 형태–볼륨 형태

공간에 대한 전통적이고 일반적인 생각은 카르테지안(cartesian) 디멘전의 공간이다. x, y, z 축으로 무한하고 균질적으로 확장 가능한 추상 공간이다. 건축적 공간은 우주적 공간, 지구적 공간, 추상화 공간과 의미가 다르다. 건축적 공간은 일종의 심리적 공간으로, 경험적이고 문화적인 장소의 의미가 더해진다. 벽과 천장, 판과 바닥, 경사 면과 휘어진 면의 경계를 만드는 요소에 의해 제한되어 부피가 있는 공간이 된다. 그 안에서 거주, 사무, 공연, 휴식 등의 건축적 행위가 가능하다. 그림8-5

② 중력화된 형태–구조적 형태

지구 중력 방향에 연직인 수평면은 일상의 거주와 작업을 편리하게 해준다. 바닥을 평편하게 유지하는 것은 건축과 생활 공간에서 가장 기초적이고 강력한 원리이다. 또한 중력 방향과 수평면의 연직 각도를 참조해서 사람들은 대칭과 정사각형, 육면체라는 수학적이고 상징적인 기본 도형을 발견했다. 만유인력 혹은 중력장은 건축의 중력적이고 현실적인 세계와 그림의 비중력적이고 상상의 세계를 구분하는 기준이다. 건축은 현실적으로 무게를 가진 실체적인 요소(부재)를 가지고 '공간-형태'를 만드는 일이다. 건축가는 중력의 흐름을 이해하여 현실적인 '공간-형태'를 만든다.

③ 구법적 형태–텍토닉 형태

건축물의 건설은 쌓거나 채워서 공간과 형태를 동시에 만들어가는 구축 방식이 있고, 뼈대를 세워 면을 채워가는 조립 방식이 있다. 구축 방식은 콘크리트 벽식이나 조적식이 대표적이고, 조립 방식은 기둥과 보를 사용하는 철골조와 목조 가구식이 대표적이다. 그림8-6

건축가는 건축물의 텍토닉 과정을 이해해서 건축물의 형태를 구상한다. 텍토닉 과정이란, 분절된 부재들의 형태와 기능, 인접 부재의 관계와 설치 순서를 말한다.

그림8-7. 뉴욕 뉴뮤지엄, SANNA, 2007.     그림8-8. 파리 노트르담 대성당, 1163-1345.

## 3. 형태 발전 방법

건축 형태는 개념, 이미지, 구조와 텍토닉의 결과이다. 어떤 경우는 개념이 월등히 강력할 수 있고, 어떤 경우는 개념이 뚜렷하지 않지만 이미지가 강하게 드러나기도 한다. 어떤 경우는 구조미가 드러나고, 어떤 경우는 다양한 부재들이 구성하는 디테일이 돋보인다. 건축 형태는 설계과정에 따라 좌우되는데, 발전 방법은 네 가지로 구분할 수 있다.

① 단일한 형태

환원주의적인 단순 형태만으로 건축적 성취를 이루려는 시도는 지금까지 계속되고 있다. 대칭적이고 단순한 형태가 건축적 본질과 우주적 상징을 담을 수 있다고 생각하는 것이다. 이집트의 피라미드나 그리스와 로마의 신전 건축에서 많이 보이지만, 육면체, 원기둥, 구 등의 단순하고 단일한 형태는 현대 건축에서도 많이 볼 수 있다. 그림8-7

② 비례적 구성 형태

단일한 형태를 변형하고 분절하여 구성하거나, 단순한 형태를 복합적으로 구성하는 방식이다. 기능적인 요구에 따라 공간을 구성하면서 생기기도 하고 설계하는 건축물 주변의 도시적 맥락을 반영하면서 이루어지기도 한다. 건축가는 조형 의도를 실현하기 위해 다양한 매스를 조합해서 비례의 아름다움을 추구하기도 한다. 형태의 비례적 구성 방법은 건축사에서 수없이 시도되어 왔다. 그림8-8

③ 요소 결합 형태

기관이 모여서 유기체가 되고, 부품이 모여서 기계가 되듯이, 특정한 기능이나 구조 부재가 결합되어 건축물이 완성된다. 건축은 일종의 기계가

그림8-9. 퐁피두 센터(Centre Georges Pompidou), 렌조 피아노(Renzo Piano) + 리처드 로저스(Richard Rogers), 1977.

되는 것이다. 아키그램(Archigram)이나 메타볼리즘(Metabolism)의 기계주의 다이어그램이나 하이테크 건축 등에서 볼 수 있다. 그림8-9

④ 프로토타입의 증식 형태

20세기 후반 이후, 건축적인 실험들은 미생물의 확대 사진, 동물의 형상, 유기체의 움직임에서 구조나 형태가 만들어지는 과정을 모방한다. 또한 유체의 흐름, 파도나 물결 같은 자연현상에서 새로운 건축 형태를 찾는다.

기본 형태를 프로토타입으로 가정하고 증식 법칙을 부여하여 확장하고 건축적인 공간을 수용할 수 있는 규모로 건축화한다. 또는 함수식에 따라 반복 계산된 형태를 사용하기도 하고, 컴퓨터 응용프로그램을 사용하거나 알고리즘을 만들어 매개변수(parameter)를 조정하여 예상치에 가까운 최적의 형태를 찾아낸다. 생물학적 형태 발생 과정을 닮은 자가증식과 재귀순환의 원리를 건축적으로 활용한다.


## 4. 기하학의 감성


건축가는 자신의 기학학적 감성을 토대로 사용자의 공간 지각적 경험을 가정해서 프로젝트의 '공간-형태'를 연구하고 실험한다. 또한 드로잉, 모형 작업, 컴퓨터 응용프로그램을 사용하여 기하학적 감성을 '공간-형태'로 건축화한다.

① 직교체계의 공간 구성 형태

가장 오래된 직교체계는 중력선과 수평면의 연직에서 시작되었다. 사방연속 무늬와 같이, 공간을 연속적으로 배치할 수 있어 공간 사용의 효율이 있다. 직교체계에 의해 만들어지는 도형과 형태는 단순하고 완결된 것

그림8-10. 포르쉐 뮤지엄, 로만 델루간-엘케 델루간 마이슬
(DMAA), 2005.

그림8-11. 동대문디자인플라자, 자하 하디드, 2014.

그림8-12. 벤츠 뮤지엄, UN 스튜디오, 2006.

으로 보여, 개념적이고 상징적인 의미가 부여된다.

사람들은 직교체계 공간에 익숙하고 감성적으로도 친숙하다. 직교체계의 형태는 모형이나 컴퓨터 응용프로그램으로 만들기가 비교적 쉽다.

② 사선적 변형의 공간 구성 형태

사선적 공간은 직교체계 공간에 비해 역동적이다. 기울어진 벽면이나 돌출 형태는 불안함이나 공격성, 속도감을 느끼게 하는데, 20세기 초 러시아 구성주의나 이탈리아 미래파의 건축에서 나타난다. 1988년 해체주의 건축전 이후, 피터 아이젠만(Peter Eisenman), 자하 하디드(Zaha Hadid)에 의해 주도되었고 '형태-감성' 측면에서 대중적인 호응도 많아졌다. 그림8-10

③ 유동체계 공간 구성 형태

유동적인 형태나 공간, 풍경은 자연상태에서 많이 경험하게 된다. 유동적인 공간이나 형태를 인공적으로 건축화시키면 전혀 다른 느낌을 주는 것이 된다. 마찬가지로 해체주의 건축가들에 의해 주도되었다고 할 수 있다. 폴드 건축이나 비정형 건축, 생체모방 건축 등으로 불리는 유동체계의 건축은 건축 역사에 전혀 새로운 조형적 미감각을 열어 주었다. 그림8-11

④ 혼성적 공간 구성 형태

건축화는 특정한 대지에 공간, 형태, 프로그램, 구조, '물성-재료'의 건축 요소들을 종합하는 것이어서, '공간-형태'가 단일한 형태만으로 만들어지지 않는다. 건축가는 기하학 형태를 주도적으로 선택하거나, 기하학을 섞어서 형태를 만들기도 한다. 기하학을 혼성하여 공간을 구성할 경우, 많은 시행착오를 통해서 세련시켜야 한다. 그림8-12

# 운동과 속도감

## 현대 물리학

감성은 외부 환경, 즉 물상(물체와 이미지)을 인식하는 인간의 감각 능력이다. 감성은 일종의 판단력이기 때문에, 과학적인 지식과 사회적인 통념에 절대적으로 영향을 받는다. 건축은 ① 물리적 대상과 공간에 대한 이해를 바탕으로 ② 감각에 의한 감성적 인식, ③ 기호적 해석을 통해서 의미의 유무와 쾌/불쾌로 감상된다. 감상이나 디자인을 위해서 가장 기초가 되는 이해력(오성)은 당대의 통념이나 신념, 일반화된 가설 등의 과학적인 지식에 절대적인 영향을 받는다.

현대 물리학은 인류에게 새로운 우주관을 선물하였다. A. 아인슈타인의 특수상대성이론과 일반상대성이론은 에너지(힘 혹은 열), 질량, 길이, 시간이 모두 동일 척도에 의해 변환될 수 있음을 보여 주었고, 우주의 생성, 발전을 연구할 수 있는 단서를 제공하였다.

## 정적 감각과 동적 감각

사람의 미감을 자극하는 감각은 정적 감각과 동적 감각으로 구분된다. 공간에 대한 거리감(혹은 공간감, 깊이감), 형태, 물상에 대한 부피감, 무게감은 정적 감각이고, 운동감 혹은 속도감이 동적 감각이다. 근대건축까지는 정적인 형태미학에 기초하고 있었지만, 20세기 후반부터 동적 감각의 미학으로 확장되고 있다. 동적 감각의 미학은 상대성이론, 곡면기하학 등에서 영향을 받았다.

근대건축 시기에 미래주의와 일부 러시아 구성주의 작가들이 시도했던 힘과 운동, 속도 표현은 바우하우스의 건조한 구성과 빛에 의한 조소적 효과에 밀려났다. 1980년대 이후, 새로운 수학과 현대 물리학 개념과 만나면서, 동적 감각이 건축의 새로운 경향으로 나타났다.

## 2차원 이미지와 속도

우리는 눈의 망막을 통해서 3차원 혹은 4차원의 실재인 공간을 2차원적인 영상, 즉 이미지로 인지한다. 눈 앞에 펼쳐진 공간은 벽, 바닥, 천장의 면이 서로 만나 이루는 경계를 인지하면서 구체화된다. 모서리 선을 인지하면서 비로소 면을 파악하는 것이다. 때로 모서리가 없는 경우는 윤곽선과 명암으로 형태를 인식할 수 있다. 우리의 시선은 윤곽선과 모서리를 따라 움직인다.

어떤 골목이 있다. 한쪽 벽은 시선과 평행한 벽면이고 다른 한쪽 벽은 안으로 혹은 밖으로 휜 벽면이다. 관찰자의 좌우에서 시작한 벽의 윗부분과 바닥의 모서리 선은 중심 부분 소점 방향으로 어느 거리에서 끝이 난다. 벽에 인접하여 걷는 보행자는 직선의 벽 보다 곡면의 벽을 더 길게 경험하지만(보행 벡터) 사진처럼 영상, 이미지의 공간은 좌우 벽에 대하여 동시에 시작해서 동시에 벽의 끝을 보게 된다. 즉 곡면의 벽을 따라 가는 시선(시선 벡터)은 직선 벽의 모서리 선보다 화면 안에서 더 빠르게 움직이는 효과, 즉 속도감을 갖는다. 한눈에 들어오는 골목 풍경에서 길이가 짧은 모서리 직선에 비해, 길이가 긴 휘어진 모서리 곡선에서는 속도감이 느껴진다. 이러한 속도감은 다면체의 벽을 따라 진행하는 경우에도 유사하게 설명된다.

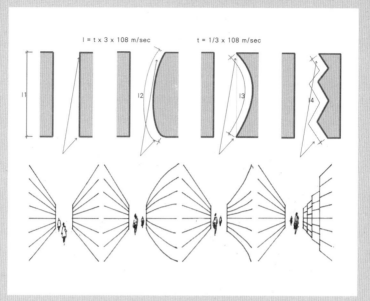

$l = t \times 3 \times 10^8 \ m/sec$  $t = 1/3 \times 10^8 \ m/sec$

그림b. 모서리 선에 따라 다르게 느껴지는 속도감

**중력장 속에서 물체 이동**

A. 아인슈타인은 빛이 중력에 영향으로 휜다면 우주공간이 평평하다는 유클리드 기하학이 성립할 수 없다는 점을 깨닫고서 비유클리드 기하학과 수학의 텐서(Tensor) 이론을 적용하여 여러 수학자의 도움으로 동등원리에 기초한 일반상대성이론을 완성한다. 시공간은 평평한 균질이 아니라 공간에 분포된 중력장이 시공간의 기하학을 결정한다. 아인슈타인의 이론에서는 휘어진 중력장 속에서 최단 경로인 지오데식(Geodesic) 경로를 따라 아무런 힘도 받지 않고도 시공간을 이동한다. 이것은 현대 물리학의 중력장 이론이다. 인간은 중력에 대한 감수성과 상상력을 가지고 있다. 어떤 사람은 감수성이 예민해서 휜 공간을 체득하고 속도와 공간의 왜곡을 실제로 경험하고 있을지 모른다. 물리학에서 중력장처럼 심리적으로 감정과 긴장이 집중된 공간에서는 감수성의 지오데식 경로를 따라 물체가 움직일 것이다.

외피와 공간

# IX. 건축의 형태 구성 원리

## 1. 기능에서 형태로

건축물의 디자인은 대지 상황과 프로그램의 해석에 좌우된다. 대지 상황은 도시적 흔적, 물리적 지형, 대지영향선이 관계된다. 프로그램은 건축주의 요구로서, 건축물을 설계하기 위한 용도별 면적 구성을 말한다.

도시적 흔적은 과거에서 지금까지 사람들이 생활을 통해서 변형시키고 사용해 온, 그 땅에 누적되어 있는 정보들을 말한다. 건축가는 도시적 흔적에서 대지와 프로그램의 연결고리를 찾아내야 한다. 물리적 지형(대지의 크기와 모양, 주변의 지형과 건축물, 지형 고저의 흐름 등)의 해석을 통해서 건축물의 배치와 단면상의 공간 구성, 지형을 이용한 조형 구상 등의 건축 착상 인자를 찾아내야 한다. 그리고 지도의 도상적 요소에서 건축화할 수 있는 선을 추출하거나, 대지에서 직관적으로 느끼는 에너지 흐름을 가정해서 디자인을 위한 선적 요소를 참조할 수 있다.

### 다이어그램과 형태 이미지

프로그램은 건축주로부터 제시된 요구 조건을 재해석하여 기능 다이어그램으로 구성해보면 명확해진다. 기능 관계를 정확히 파악하여 공간 구성으로 발전시키기 위해, 사용자별 동선의 흐름을 '버블-바 다이어그램'을 이용할 수 있다. '버블-바 다이어그램'은 용도별 면적 단위들을 크기가 비교되도록 버블로 그리고, 기능 관계를 선으로 연결한 것이다.

일반적으로 건축물의 사용자는 상근 사용자, 방문 사용자, 서비스 사용자로 구분된다. 사용자 동선은 접근과 순환이 만나는 외부에서 내부로 접속되는 지점(입구 홀)에서 시작되도록 한다. 이렇게 파악된 건축물 전체의 '버블-바 다이어그램'은 평면적으로 그려진 것이다.

건축물의 대지 조건이나 건축가가 가정한 '공간-형태'의 디자인 방향에

구성 요소
관계
시각적
잠재력
건축 형태 구성
재료
물성
접합
방식

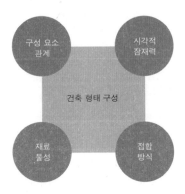

그림9-1. 건축 형태 구성

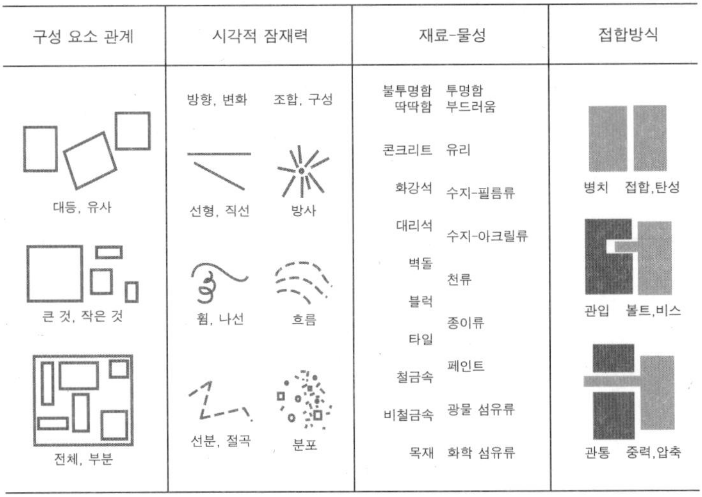

구성 요소 관계
시각적 잠재력
재료-물성
접합방식
대등, 유사
큰 것, 작은 것
전체, 부분
방향, 변화
조합, 구성
선형, 직선
방사
휨, 나선
흐름
선분, 절곡
분포
불투명함
딱딱함
투명함
부드러움
콘크리트
유리
화강석
수지-필름류
대리석
수지-아크릴류
벽돌
천류
블럭
종이류
타일
페인트
철금속
비철금속
광물 섬유류
목재
화학 섬유류
병치
접합,탄성
관입
볼트,비스
관통
중력,압축

그림9-2. 구축적 형태 구성 원리

따라 건축물이 다층으로 계획되어야 하는 경우, '용도-공간'은 수직적으로 (층별로) 배치되어야 한다.

기능 관계 해석에 따른 여러 가지 대안을 스터디 하면서 수직적인 공간 배치를 결정한다. 그리고 나서 레벨별(층별)로 '용도-공간'을 그룹핑하고, 다시 평면적으로 '버블-바 다이어그램'을 그려본다. 이 단계에서 다이어그램으로 파악된 층별 평면을 '공간-형태' 연상을 통해 연직으로 겹쳐 놓을 수도 있고, 사선으로 비껴 놓을 수도 있다. 수직교통의 위치, '슬래브 보이드'를 사용한 공간의 수직적 확장, 데크와 옥상 요소의 삽입, 필로티 공간의 구성 등을 고려할 수 있다.

건축물의 기능 다이어그램을 입체화 단계에서 다음과 같은 형태 구성의 원리를 이해하는 것이 중요하다.


## 2. 구축적 형태 구성 원리


3차원 형태의 디자인 원리는 조화, 통일, 비례, 대칭, 변화 등의 2차원 디자인 원리에 입체감이 추가된다. 건축에서는 물성이 있는 재료의 조립과 접합 과정이 포함된 구축의 원리가 다시 더해진다. 형태 디자인은 ① 단일 형태, ② 비례적 구성 형태, ③ 요소 결합 형태, ④ 프로토타입의 증식 형태가 있다. 자세한 내용은 'Ⅷ. 건축의 형태'(84~97쪽)에서 참조할 수 있으며, 여기서는 구축 원리에 따른 형태 구성을 다룬다.

건축 디자인에서는 '용도-공간' 구성의 다이어그램을 건축적 형태로 발전시켜야 하는데, 단위 요소의 구성 방법이 기초 원리로 적용된다. 첫째는 단위 요소와 전체의 관계를 파악하는 것이 중요하다. 둘째는 형태의 시각적 잠재력을 깨닫고 적용하는 것이고, 셋째는 '재료-물성'을 이해하는 것이다. 넷째는 단위 요소들의 접합 방식을 이해하고 적용하는 것이다. 그림9-1, 2

### 구성 요소 관계

단위 요소와 전체의 관계는, 첫째 건축물 전체를 몇 개의 동으로 나누어 대등하거나 유사한 크기로 구성하는 경우가 있다. 대부분 같은 크기의 분동을 대칭으로 구성하고, 때로는 유사한 분동 크기에 변화를 주어서 구성하거나, 방향이 느껴지도록 배치한다. 그리고 단위 요소의 거리를 달리해서 배치하는 방법 등이 있다. 대칭의 예는 9.11 테러로 무너진 뉴욕 '세계무역센터'(World Trade Center)나 쿠알라룸푸르의 '페트로나스 타워'(Menara Petronas), 서울 여의도 '엘지 트윈타워' 등이 있다.

두 번째, 주된 것과 부수적인 것, 큰 것과 작은 것을 조합하는 경우는 큰 것을 우선 배치하고 작은 것들을 분포시키거나 종속시켜 균형을 이루게 한다. 싱가포르에 있는 '선텍시티'(Suntec City)를 예로 들 수 있다.

세 번째는 부분이 모여서 전체를 이루는 경우로 여러 단위 요소가 모여서 전체 건축물 형태의 질감을 만들거나, 단위 요소로 채워진 부분과 비워진 부분이 대비되도록 구성한다.

### 시각적 잠재력

사람은 형태를 윤곽선이나 명암선, 또는 색상선 등 눈에 띄는 선을 통해서 인지하고, 단순한 도형으로 받아들이려 한다. 도형을 구성하는 점, 선, 면은 잠재된 힘을 가진 것으로 느껴진다.

양방향으로 연장이 느껴지는 직선에는 선형성(linearity)이 잠재되어 있다. 빠른 속도감을 드러내는 휘어진 곡선, 발전과 성장이 느껴지는 나선, 연속되거나 방향을 바꾸는 파선과 절곡선에는 선분성(segmentarity)이 잠재되어 있다.

구성 요소의 관계가 형태의 정적 구성을 보여준다면, 형태의 시각적인 잠재력과 효과는 역동적인 시간적 구성을 보여준다. 도형의 방향성을 사용한 연속적 구성은 운동감이 느껴진다.

시각적 잠재력을 드러내는 선들은 방향성에 따라서, 중심이 있고 발산되는 '방사형', 단위 요소가 군집해서 어떤 방향으로 연속되는 듯한 형태의 '흐름형', 일정 지역이나 공간에 소(疏)와 밀(密)이 섞여서 미적 쾌감까지 느끼게 하는 '분포형'으로 나눌 수 있다.

### 재료-물성

모든 건축재료는 땅과 대기의 지구 환경에서 추출한 나무, 돌, 금속, 유리, 천, 플라스틱 등의 기본 소재를 변형한 것이다. 일반적으로 중력과 같은 외력에 대응해서 형태를 유지하는 강도를 가지고 있고 부식이나 오염에 저항하는 성능을 가지고 있다. 또한 투명, 반투명, 불투명하고, 매끄럽거나 거칠거나 부드러우며, 무겁거나 가벼운 성질이 있다.

건축가는 건축재료가 제작, 운반, 설치되는 구축 과정을 이해해야 하며, 재료의 구조적이고 내구적인 성능을 알아야 한다. 건축물의 공간과 형태를 시각적이고 촉각적인 감상의 대상으로 표현할 수 있어야 한다.

### 접합 방식

건축 부재의 접합 방식은 형태면에서 ① 병치 접합, ② 관입 접합, ③ 관통 접합으로 구분하고, 구축의 관점에서 ④ 접착·탄성 접합, ⑤ 마찰·전단 접합, ⑥ 중력·무게 접합으로 구분한다. 구조 부재의 접합, 외벽 클래딩의 긴결, 문살이나 가구의 맞춤 등과 같이 부분적인 재료의 부착이나 설치의 경우도 방식은 동일하다.

#### ① 병치 접합
병치 접합은 단위 요소들을 나란히 놓은 것이다. 접촉되도록 놓는 경

그림9-3. 진흙의 접착력을 이용한 담장, 부산 범어사.

그림9-4. 맞춤으로 접합된 지붕 가구, 부산 범어사 관음전, 1938.

우는 한 덩어리로 인식될 수 있다. 두 개의 단위 요소를 어느 정도 분리 배치하는 경우에 두 요소 사이에는 긴장감이 생기고, 상대성이 강해진다. 단위 요소들을 위아래로 쌓듯 놓을 수도 있다.

② 관입 접합

관입 접합은 두 개의 단위 요소가 물려있듯이 하나가 다른 하나로 파고 들어간 모양이 된다. 견고하고 안정된 느낌이 생긴다. 비스(vis)나 스크류(screw)는 관입 접합에 사용되는 재료이다. 못, 콘크리트 앵커 등도 전단력을 이용하는 관입 접합의 재료이다.

③ 관통 접합

관통 접합은 한 개가 다른 한 개 혹은 여러 개를 관통해서 접합된 방법을 말한다. 관입 접합보다 강력한 방식이다. 관통하는 요소가 매스처럼 채워진 것이 아니라, 보이드 된 요소를 반복적으로 배치했을 때도 관통 접합의 효과가 나타난다. 볼트, 너트가 관통 접합의 재료이다.

④ 접착·탄성 접합

접착은 습식 건축공사에서 모르타르나 본드 등의 접착제를 사용해서 재료를 붙이는 방법이다. 철골의 용접도 접착·탄성 접합에 해당된다. 여러 겹의 목재 판을 붙여 합판을 만들거나 라미네이트 판을 만드는 방법이기도 하다. 콘크리트에 홈을 파고 볼트를 고정하는 케미컬 앵커도 접착력을 이용한 방식이다. 그림9-3

탄성 오무림은 창호 공사에서 유리 커튼월 멀리온의 알루미늄 캡이나 글레이징 비드(glazing bead)의 고정, 못을 사용하지 않는 전등기구 설치 등에 사용된다.

그림9-5. 중력·무게 접합 사례, 부산 범어사 일주문, 1613.

⑤ 마찰·전단 접합

한옥의 목구조의 맞춤과 이음은 마찰력과 전단력을 이용한 관통 접합과 관입 접합의 방법이다. 지내력이 충분하지 못한 땅이나 암반이 지나치게 깊게 위치한 지반을 보강하기 위한 마찰 말뚝 기초가 마찰 전단 접합의 원리를 이용한 예가 된다. 그림9-4

⑥ 중력·무게 접합

중력·무게 접합은 자중을 이용해서 땅에 안정된 구조물을 세우는 방식이다. 흙다짐 후 하천을 막아 댐을 만드는 토목공사를 예로 들 수 있다.

한옥을 지을 때, 땅을 다져 주초를 놓고 기둥을 세워서 가구를 조립한다. 건물 전체의 자중이 구조체를 눌러서 전도되지 않도록 하는 것이다. 예로는 부산 범어사의 일주문으로, 굵은 기둥 위에 무거운 지붕을 얹어서 횡력에 저항하도록 한다. 그림9-5

고대 에트루리아(Etruria)인이 개발한 아치, 궁륭, 돔 구조도 중력·무게 접합을 이용한 사례이다.

# X. 건축의 외피

## 의상과 건축

의상은 외부 환경으로부터 신체의 보호, 즉 추위와 더위, 바람과 빛을 막고 가리는 것에서 시작되었다. 문화적인 내용을 갖고, 개인적인 것과 사회적인 것의 이중성을 갖는다. 또한 시각적 대상물이다. 반면 건축은 대량으로 생산되거나 소비되지 않는다. 특정한 건축주의 주문으로 생산되고, 특정한 장소에 건설되어 사용자가 제한된다. 건축가 없이 풍토적이고 경험적인 방식으로 지어지고, 특정한 건축가에 의해 설계된다. 또한 사회적이고 산업적인 과정으로 지어져서 집단 상징의 표현이 된다.

의상과 건축은 신체를 보호한다는 점과 풍토적이고 사회 문화적인 표현력을 갖는 과정이 매우 유사하다. 최근 건축의 외피가 일시적으로 벗고 다시 입는 의상과 유사해지고 있다.


## 보호면 혹은 경계면

생명, 기계, 조직, 사회 등에는 경계를 이루는 물질이나 영역이 존재한다. 경계면은 에너지, 정보, 물질의 흐름을 차단하거나 조절해서 내부 조직과 시스템을 유지하고, 외부 환경으로부터 내부를 보호한다.

의복은 피부와 접촉하므로 촉감이 부드럽고, 이동과 운동이 가능하도록 유연하고, 보호와 보온을 위해 어느 정도 두께가 있는 천으로 만든다. 얼굴, 손, 발을 노출시켜서 이동과 작업이 가능하게 하고, 입고 벗기 위해 적당한 트임과 조임이 고려된다. 또한 안팎에 따라 소재를 달리하여 몇 겹의 층(layer)를 갖는다. 소재와 개인적, 사회적, 문화적 표현이 결합되어 다양한 디자인이 생겨난다.

건축은 내부 공간의 거주성을 위해서 단열, 방수, 투시 조망, 환기, 채광의 환경 성능이 필요하다. 건축재료는 견고성과 내구성이 요구된다. 또한 건축물은 특정한 장소에 고정되어 있고, 같은 종의 식물이 번식하듯 유사

그림10-1. 포장하기, 대통령기록관, 삼우설계, 2015.

그림10-2. 피부이자 보호막, 오랜 시간 속에 변화를 겪고 있는 경동교회의 외벽, 김수근, 1981.

기능을 가진 건물이 여러 장소에 지어진다.

공간을 형성하는 외벽은 외부에 면하는 외피(outside skin)와 내부 공간에 면하는 내피(inside skin)의 이중면으로 구성된다. 개념적으로 바닥, 벽, 지붕을 포함한다. 건축물의 외피는 거주성의 요구에 따라 ① 공간 조성의 구조 성형 능력, ② 단열, 차음, 차수의 1차 환경 성능, ③ 환기, 채광, 차광, 조망의 2차 환경 성능, ④ 외관으로서 도시적이며 미적인 표현을 갖는다.

### 살아있는 피부로서 외벽

르 코르뷔지에의 '근대건축 5원칙' 선언 후, 건축물의 형태는 기능의 표현이라는 주장과 모순적이게도 건축가의 정신적 표상이 된다. 근대주의 건축가들은 기존 양식과 장식을 배제하면서 기능적이고 효율적인 큐브 형태를 채택하고 미학적으로 발전시켰다. 1930년대 이후, 큐브의 평편한 면을 음영 효과를 이용해 회화적으로 구성하는 '흰 벽과 검은 구멍 효과'는 근대건축의 형태 구성 원리가 되고, 1988년 해체주의 건축 전시에서 역동적인 비정형 건축과 다층의 투명한 외피를 가진 건축이 등장한다. 이후 건축의 외피는 환경 조절 기능과 자기 표현을 담고 레이어링 효과를 건축화하여 경량화, 투명화된다. 현대 건축의 외피 개념을 살펴보면서 새로운 표현력의 가능성을 모색해 보자.

① 포장(enveloping)

기능이 공간화되고 슬래브가 삽입된 건축적인 덩어리는 시각적 잠재력을 가진 재료로 포장된다. 그림10-1

② 피부(skin), 보호막(membrane)

세포막이나 생명체의 외피를 건축적으로 생각해 볼 수 있다. 건축물의 외피는 외부 환경으로부터 내부 공간을 보호하는 보호막이다. 안과 밖이

그림10-3. 영역과 경계. 홍콩의 한 아파트 발코니.

그림10-4. 한계점, 안동 하회마을의 충효당 솟을대문과 행랑채.

그림10-5. 얼굴성, 해남 땅끝마을의 파출소.

그림10-6. 초고성능 콘크리트를 사용한 비정형의 건축, 울릉도 리조트 코스모스, 김찬중, 2017. (사진제공 김찬중)

서로 다른 생활 조건으로 만난다. 삼투압, 전류에 의한 정보 전달, 호르몬의 분비 등과 같이 유사한 과정이 일어난다. 그림10-2

③ 영역(boundary), 경계(border)

환경이 조절되고 영향력이 미치는 영역의 한계로서 외벽이다. 벽과 개구부의 구성, 창과 발코니의 설치, 함몰과 돌출의 건축적인 수법에 의해 공적 부분과 사적 부분이 접촉, 갈등, 소통, 적대 등의 관계가 된다. 그림10-3

④ 한계점(threshold)

문턱이나 문지방으로도 번역된다. 내부에서 외부로 공간 성격이 변하는 한계 지점이다. 단순한 막이 아니라 중간 영역으로 생각하면, 외피의 새로운 공간적 의미를 발견하게 될 것이다. 그림10-4

⑤ 얼굴성(faciality)

실재적인 힘에 대응되는 시각적, 비언어적, 잠재적인 힘이나, 기호적인 메시지를 설명하기 위해 사용되는 현대 철학의 개념이다. 건축물의 외피는 시각적인 대상이 되면서 메시지를 가진 얼굴로 작동한다. 그림10-5

## 재료와 구법적 상상력

재료를 제대로 사용하기 위해서는 재료의 물성뿐만 아니라, 생산에서 가공 단계, 현장 설치 과정을 이해해야 한다. 재료와 구조가 디테일로 통합되고, 기능이 구현되도록 '공간-형태'를 실현할 수 있는 능력을 구법적 상상력이라 하는데, 순수 '공간-형태'를 이미지로 구상하는 것과 다른 현실적 상상력이다. 재료의 구법적 텍토닉과 사용자에게 드러나는 감각 효과에 대한 이해가 종합된 것이다. 그림10-6 건축가는 재료에 잠재되어 있는, 형태로 발전할 수 있는 시각적 표현성(얼굴성)을 의식하여 재료 이해와 구법적 상상력을 동원해서 건축적 형태를 창안한다.

# XI. 패턴

조형적인 측면에서 조각과 건축은 디자인된 입체물이다. 조각과 달리 건축은 거주와 활동을 위해서 일정 규모의 공간이 있는 형태를 띤다. 건축가의 디자인은 건축물을 3차원의 입체물로 다루는 조형 디자인부터 건축물의 입면 재료와 색상을 구성하는 2차원의 평면 디자인을 포함한다.

평면 디자인은 미술과 편집디자인 분야에서 많은 연구가 있다. 디자인 원리는 조화, 통일의 상위 개념과 비례, 대비, 변화, 대칭 등의 심리효과에 기초한 원리로 구성된다. 비례는 가장 오래된 디자인 원리이며, 황금비율은 심리학적 원리와 추상적인 개념이 결합된 것이다.

건축물의 입면은 제작, 운반, 설치 가능한 크기의 건축재료로 구성된다. 입면 디자인은 기능적이고 내구성을 가진 건축재료를 사용한 시각효과가 고려되어야 한다.


## 1. 문양과 패턴


점, 선, 면, 형태, 색 등의 디자인 요소가 디자인 원리에 적용되기 위해서는 무늬나 패턴(pattern)으로 읽혀야 한다. 무늬는 물체의 표면에 특정한 내용으로 인식되는 모양이나 옷감, 조각품 등을 장식하기 위한 어떤 그림이다. 패턴은 규칙성과 전형성이 있는 무늬를 말한다. 자연물에서도 발견되는 무늬와 패턴은 시각적인 대상인 조형물의 형태나 표면을 장식하는 데 오랫동안 사용되었다.

조형 디자인과 평면적인 디자인이 복합된 건축물은 크기가 한정된 건축재료를 사용해야 하고 시공성의 제약을 받는다. 건축물의 입면 디자인은 반복적, 연속적 패턴의 사용이 중요하다. 패턴은 일정한 무늬가 반복되는 것(반복·대칭)과 조금씩 변형되어 리듬적인 연속을 이루는 것(연속·확장)으로 구분된다.

그림11-1. 역동적인 점대칭의 이미지를 보여주는 캄피돌리오 광장(Piazza del Campidoglio), 미켈란젤로, 1654.

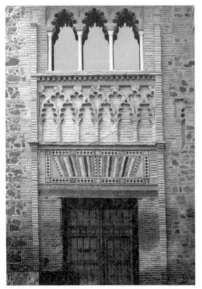

그림11-2. 선대칭은 전통적인 건축에서 가장 중심적인 방식이다.

그림11-3. 비주기적 테셀레이션의 예. 옥스포드 워드햄컬리지에 있는 펜로즈의 타일링 바닥. (사진제공 문태선)

① 반복·대칭 패턴

반복·대칭 패턴은 동일한 무늬가 반복되거나 다른 무늬와 교대로 나타나는 것이다. 점 대칭과 선 대칭은 평면적 반복, 입체적 반복 등으로 간단한 것에서 복잡한 것으로 파악할 수 있다.

점 대칭은 점을 중심으로 일정 각도로 회전 복사하여 만든다. 그림11-1 일면 거울 반사는 거울을 대상 양쪽에 평행하게 설치하면 양쪽으로 반사되어 대칭이 무한으로 나타난다. 두 개 이상의 거울 면을 모서리에 대고 세운 후 반사상을 만들면 면대칭의 다양한 패턴이 만들어진다. 그림11-2

사방 연속 무늬의 패턴은 사중 대칭으로, 벽지, 의상, 제품 디자인, 그리고 건축의 입면 구성 등 다양하게 쓰여왔다. 정삼각형은 3중 대칭, 정육각형은 6중 대칭성을 갖는다. 정오각형은 5중 대칭성을 갖지만 오각 대칭으로 평면을 빈틈없이 채울 수는 없다. 영국의 수리물리학자 R. 펜로즈(Roger Penrose)는 비주기적 5각형 패턴을 발견했다. 그림11-3

대칭을 이용해서 면을 채우는 것을 테셀레이션(tessellation)이라고 하며, 쪽맞추기, 타일 붙이기로 번역된다. 포장지, 보도블럭, 타일, 궁궐의 단청 등에 쉽게 찾아 볼 수 있다.

② 연속·확장 패턴

연속·확장 패턴은 순열이나 음악처럼 규칙이 변화하고 발전적으로 계속되는 것이다. 자연에서는 조개 껍질의 문양, 넝쿨의 성장에서 볼 수 있고, 수학에서는 일정한 규칙을 갖는 피보나치 수열 등이 있다.

폰 노이만(John von Neumann) 연구인 세포자동자(cellular automata)는 초기 조건과 진화 규칙만으로 반복되지만 비주기적으로 변화하는 패턴을 보여준다. 산불의 확산, 먼지의 뭉침 현상을 수학적으로 해석해낸 상호작용 입자계(interaction particle system) 등도 '연속·확장' 패턴의 예이다.

'연속·확장' 패턴은 2방향 혹은 4방향으로 연속되는 단순 패턴을 벗어나, 평면과 입체 디자인을 모색하는 데 도움이 될 수 있다. 그림11-4

그림11-4. 타이베이 징화청(京華城), 저드 파트너쉽(Jerd Partnership), 2001.

## 2. 건축의 패턴과 건설 공정의 효율

건축물의 용도가 서로 다르더라도 사용자의 거주성이 기본이 되므로, 건축 부재의 구성은 유사하거나 거의 동일하다. 건축 부재는 기둥과 슬래브, 창이나 문 같이 일정한 기능과 형상이 반복된다. 노출콘크리트와 같은 현장 타설 재료가 아니면, 외벽에는 일정한 크기로 나뉜 재료가 설치되어야 한다. 이점은 건축에서 패턴과 문양을 연구해야 하는 필요성이 된다.

### 패브리케이션과 조립 설치

현장 타설 콘크리트나 습식 미장을 제외한 대부분의 건축재료는 공장에서 생산되고, 차량으로 운반되고, 현장에서 조립된다. 생산, 운반, 조립하는 현장의 여건 때문에 재료의 무게와 크기가 제한된다.

건축재료가 공장에서 만들어지는 것을 패브리케이션(fabrication)이라 한다. 패브리케이션 과정에서 건축재료는 생산라인과 기계의 규모에 의해 제한을 받는다. 생산자의 팔 길이, 생산자가 들 수 있는 무게가 제한 요소이다. 운반할 때 차로의 폭, 육교와 터널의 높이, 적재함의 크기에도 제한받는다.

건축 현장에서는 조립 설치할 때 작업자 한 명이 들 수 있는 무게가 제한 요소이다. 이점은 건축의 패턴 디자인과 관계가 있으며, 모든 건축재료는 수명이 있고 돌발 사고로 파손되는 경우가 있어서 교체나 교환하려면 재료의 무게와 크기가 적당한 규격이 되어야 한다.

외부 벽체에 많이 사용되는 석재의 크기를 산정해 보자. 화강석은 크기 1,000mm×1,000mm, 두께 30mm인 판석의 무게는 약 80kg 정도가 된다.(화강석의 비중 2.65 이상, ASTM 기준) 작업자 한 사람이 들 수 있는 무게를 최대 40kg으로 가정한다면, 외벽 디자인 시에 고려해야 할 화강석 판

그림11-5. MIT 사이먼스 홀(Simmons Hall), 스티블 홀(Steven Holl), 2002.

석의 면적은 0.5m² 이하인 것이 좋다. 복층유리도 1~2m² 이하가 적당하다.

## 문양과 패턴의 활용

건축물의 디자인은 2차원의 평면 디자인과 3차원의 입체 디자인이 복합되어 있다. 건축가는 3차원 디자인에서 입체감을 이해하고 평면 디자인 원리를 3차원 디자인 수법으로 확장하는 것이 필요하다.

건축 디자인에서 입체감은 겹침, 함몰, 돌출, 들뜬 매스, 깊은 공간의 효과를 구사하는 수법으로 성취된다. 이 다섯 가지 수법은 음영을 특정한 모양으로 생기게 할 수 있고, 반복적으로 구성할 수도 있다. 벽돌의 영롱쌓기는 입체감 효과를 패턴처럼 사용하는 예이다.

건물 외벽을 클래딩이나 글래스 커튼월로 처리하는 경우에도 패턴의 구성이 중요하다. 외벽이 커지면 동일한 재료를 적절한 크기로 분절할 수밖에 없는데, 색상과 입체감을 고려한 패턴을 적용할 수 있다. 그림11-5

여러 겹의 투명, 불투명, 반투명한 재료를 겹쳐서 사용하는 레이어링 수법을 음영의 입체감 수법에 더하면 건축적인 표현이 더욱 풍부해진다.

# XII. 기능 다이어그램과 공용공간의 구성

## 1. 기능성

루이스 설리번(Louis Sullivan)은 '형태는 기능을 따른다'는 선언으로 상징되는 기능주의 건축을 주장했다. 르 코르뷔지에도 1921년《에스프리누보》(Esprit Nouveau)에서 '주택은 살기 위한 기계이다'라고 했다. 두 사람의 말은 기능주의 건축에서 자주 인용되는데, 당시에는 보수와 진보의 양 진영에 적잖은 논란을 불러 일으켰다. 보수적인 아카데미 회원들은 '부동성, 가족의 보금자리'의 상징인 주택과 기계를 연계시킨 것에 혐오감을 드러냈고, 진보적인 전위 예술가들은 "서정성에 빠져 살기 위한 기계를 배반했다."라며 비난했다.

건축에서 다루는 모든 공간은 용도가 있다. 다른 용도의 두 공간이 사용상 관련이 많으면 인접하여 구성된다. 용도가 있고 크기가 있는 공간들의 인접성 관계를 '건축적 기능 관계'라고 한다. 공간들의 인접성은 사용자의 동선과 직접적인 관계가 있다. 이를 그림으로 표현한 것이 '기능 다이어그램'(functional diagram)이다.

건축공간의 기능을 파악하기 위해, 사용자를 그룹핑하고 각각의 동선을 검토해야 한다. 사용자는 방문사용자(guest user)와 관리사용자(staff user), 지원서비스(support service), 그리고 물품(goods)으로 구분한다. 그룹별 사용자는 외부에서 접근(access)하여 각각의 출입 공간인 로비(lobby)를 통해서 내부 동선(circulation)에 연결된다.

## 2. 공용공간

도시(특히 길)와 건축의 관계는 공적 영역과 사적 영역으로 생각할 수

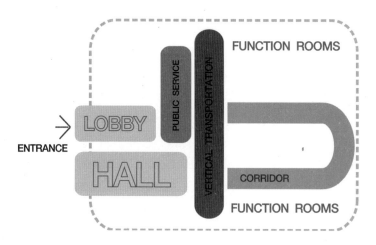

ENTRANCE

LOBBY

HALL

PUBLIC SERVICE

VERTICAL TRANSPORTATION

FUNCTION ROOMS

CORRIDOR

FUNCTION ROOMS

그림12-1. 공용공간의 구성

있다. 일반적으로 건축물은 대지 일부를 점유하고, 길과 건축물 사이에는 외부 공간인 준공적 영역이 존재한다. 건축은 관리 측면에서 보안, 보호, 위계 이유로 대지 범위를 도로와 인접 대지로 부터 분명히 구분한다. 대지 내에서도 보안의 단계에 따라 다시 준공적 영역과 사적 영역으로 구분된다.

내부 공간을 구성할 때도 유사하게 구분할 수 있다. 내부 공간은 공용공간과 '용도-공간'으로 구분하는데, 도시의 길과 개별 건물의 관계와 같다. '용도-공간'은 건축물의 주된 '시설-공간'을 뜻하며, '기능-공간' 혹은 '목적-공간'이라 할 수 있다. 모든 건축물이 길에 면해 있듯이 '용도-공간', 즉 각각의 기능실은 공용공간으로 연결된다. 사용자의 동선은 공용공간에서 각 기능실로 배분된다.

건축 기능을 조직하는 핵심은 동선을 분배하는 공용공간에 있다. 기능 구성은 볼륨이 있는 기능실을 배치하는 것이므로 건축물의 형태도 영향을 준다. 구성 방식은 평면에서 직선형, 분지형, 순환형이 있다. 다층 건축물에서는 집약형과 오픈형으로 구성할 수 있다. 오피스 건물은 면적 효율을 위해 집약형으로, 문화시설이나 백화점과 같은 건출물은 입체적이며 개방적인 오픈형으로 계획된다.

공용공간은 일반적으로 로비, 홀, 복도, 수직교통, 서비스 공간의 다섯 가지로 구성된다. 그림12-1

① 로비

로비는 외부에서 내부로 진입할 때의 맨 처음 공간으로, 입구 홀을 말한다. 방문자에게 건축공간의 첫인상이 형성되는 곳이자, 건축물의 정보를 얻는 곳이다. 로비에서는 사용자의 움직임이 많지 않다.

② 홀

홀은 로비와 비슷하지만 외부 공간을 맞이하는 것이 아니라, 특정 '용도-공간'에 접해서 전실의 성격을 갖는다. 사용자의 움직임은 로비보다 적

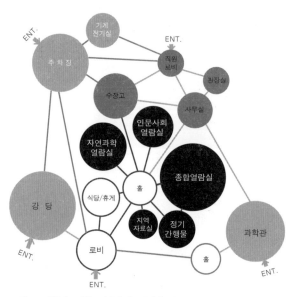

그림12-2. 과천 정보과학도서관의 기능 다이어그램, 2002.

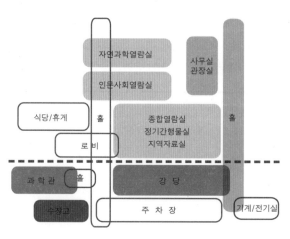

그림12-3. 과천 정보과학도서관의 '용도-공간' 수직 배치, 2002.

다. 엘리베이터 앞, 회의실이나 공연장 앞에서 대기하거나 친교를 목적으로 사전 행사를 하는 공간이다. 로비와 더불어 머무는 시간이 많아서 오픈 공간이나 인테리어 장치로 시각적인 연출을 많이 할 수 있는 공간이다.

### ③ 복도

복도 혹은 통로는 사용자가 특정 '용도-공간'을 가기 위한 이동 공간이다. 홀을 겸한 통로가 되기도 하고, 통로를 겸한 홀이 되기도 한다.

### ④ 수직교통

수직교통은 공간을 위, 아래로 연결하는 건축장치이다. 특히 대공간과 다층 건물에서 필수적이다. 계단, 경사로, 엘리베이터, 에스컬레이터 등이 있으며, 주변 옹벽을 이용해서 건축 구조 역할을 하게 할 수 있다. 수직교통으로 사용자의 시선을 동선과 함께 입체적으로 유도할 수 있어서 역동적인 공간감을 연출하기도 한다.

### ⑤ 서비스 공간

서비스 공간은 사용자의 거주 활동을 지원하는 공용공간이다. 화장실, 창고 등으로 구성된다.

## 3. 프로그래밍과 기능 다이어그램 만들기

건축주와 면담이나 건축주의 요구사항을 분석하여 설계에 적용할 면적표를 만드는 과정이 프로그래밍이다. 프로그래밍은 설계자료집, 계획학 도서, 그리고 사례조사를 통해서 진행된다. 설계자료집에서 일반, 지역, 건물 용도별 자료를 참고하여 용도별 면적 비율, 필요한 실의 종류, 면

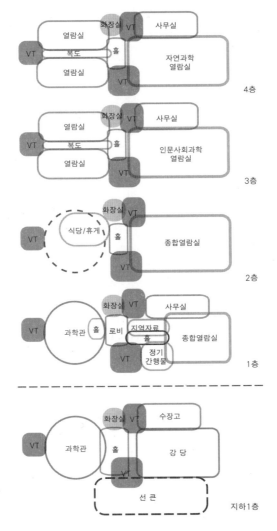

열람실
화장실 VT
사무실
VT
복도
홀
열람실
자연과학
열람실
4층

열람실
화장실 VT
사무실
VT
복도
홀
열람실
인문사회과학
열람실
VT
3층

화장실 VT
식당/휴게
홀
종합열람실
VT
VT
2층

화장실 VT
사무실
과학관
홀 로비
지역자료
홀
VT
VT
종합열람실
정기
간행물
1층

화장실 VT
수장고
과학관
홀
강당
VT
선 큰
지하1층

그림12-4. 과천 정보과학도서관의 층별 기능 다이어그램, 2002.

적 구성을 만든다. 일반적으로 참조할 수 있는 것은 《Time Saver Standards for Building Type》(McGraw Hill), 《Architectural Graphic Standards》(AIA, John Wiley & Son Inc.), 《Architects' Data》(Ernst and Peter Newfert, Blackwell Publishers), 《건축설계자료집성》(일본건축학회) 등이 있다.

건축물의 기능을 이해하려면, 설계지침과 프로그램으로 작성된 면적표를 '기능 다이어그램'으로 만들어보는 것이 필요하다. 보통 '버블-바 다이어그램'을 사용한다. 기능실들은 면적에 비례해서 원형으로 그리고, 실의 기능 관계에 따라 인접성을 결정하여 배치하고, 선으로 동선 관계를 연결한다. 이 단계에서 사용자 그룹별(관리사용자, 방문사용자, 서비스 사용자, 그리고 물품)로 접근, 동선을 검토하여 '버블-바 다이어그램'을 보완한다. 기능 다이어그램은 버블의 인접관계인 연결 선의 길이와 개수, 방향을 조절하면서 여러 개의 대안을 만들어 볼 수 있다. 시행착오를 거듭하다 보면 명쾌한 다이어그램이 만들어진다. 그림12-2

다음은 '용도-공간'의 수직 배치(sectional space allocation) 단계이다. 단면 개념에 따라 '용도-공간'을 수직적으로 배분해 본다. 사람들이 지상에서 직접 접근할 수 있는 층(access level)을 중심으로 공간을 수직적으로 위치시켜 본다. 이때 접근과 동선을 함께 고려한다. 전체 기능 관계를 분석해서 한 동으로 할 것인가, 몇 개의 분동으로 할 것인가를 생각해야 한다. 그림12-3

그리고 동별, 레벨별로 '버블-바 다이어그램'을 만들어 본다. 이때 축척이 있는 대지가 표현된 도면을 사용하는 것이 효율적이다. 레벨에 따라서 스케일이 있는 평면 다이어그램을 그리면, 각 레벨의 다이어그램을 겹쳐서 공간과 수직 요소(오픈스페이스, 수직교통)를 고려해서 공용공간의 구성 방식(선형, 순환형, 가지형 등)을 결정한다. 그림12-4

이 단계에서 수직적인 공간 배분도는 단면 개념으로 발전할 수 있고, 단면 개념을 레벨별로 작성된 평면 다이어그램과 공간적으로 종합하면 형태로 발전시킬 수 있다.

## 복잡성의 과학

건축을 어떻게 보는가 하는 관점에 따라 건축가가 창안하는 새로운 이미지는 달라질 것이다. 근대주의 건축가들은 건축을 하나의 단일한 목적의 시스템으로 작동하는 장치(machinery)나 유기체(organism)로 보아 왔다. 건축을 장치나 유기체가 아닌, 확장성의 기계(machine)라는 개념으로 본다면 건축은 가변성이 무한한 하나의 반응체가 될 것이다. 특정 기능을 수행하는 단위 구성체인 장치와 달리 기계는 연접(connexion)되는 관계에 따라 새로운 기능과 해석이 가능해진다. 이 새로운 반응체는 다양성과 복잡성을 통해서 발전적으로 변형되고 변질되어 갈 것이다.

과학과 시스템의 새로운 개념들은 세계를 보는 관점을 변화시킨다. 통일적이고 단순하고 명쾌한 법칙으로 세상을 보던 관점에서 여전히 질서는 존재하지만 복잡하고 혼돈적인 것으로 설명하는 관점으로 변하고 있다.

### 복잡화와 복잡성

인간의 뇌는 진화과정에서 뇌의 신경세포 용량이 급격히 증가한다. 원숭이와 인간의 유전자 차이는 1.6퍼센트뿐이고 뇌 구조도 아무런 차이가 없지만 신경세포 수는 차이가 크다. 특히 신피질에서 전두엽의 신경세포는 과잉이라 할 정도로 많다. 인간의 두뇌에는 대뇌피질에만 약 100억개의 신경세포가 존재하는 것으로 추산된다. 필요 이상의 신경세포가 인식 능력을 만들어낸다. 인간은 인식 능력으로 언어, 도구, 과학을 발명하고 자신을 포함해서 자연을 규명해 간다.

장은성은 《복잡성의 과학》에서 H. 페이겔스(Heinz Pagels)를 소개하면서 단순성의 과학과 복잡성의 과학을 구분한다. 지금까지의 과학을, 뉴턴역학, 결정론, 환원주의, 소립자물리학, 계량경제학, 인과율, 선형성, 안정성 등으로 세계를 설명하는 '단순성의 과학'이라 정의하고, 더 이상 우주와 인간의 사회를 설명할 수 없다고 말한다. 이제는 '복잡성의 과학'으로 환경에 대한 인식을 바꾸어야 한다고 주장한다.

자연은 우리가 지금까지 이해하는 것에 비해 매우 복잡하고 예측 불가능한 것이다. 그런 자연의 본질로서 복잡성은 최근 르네 통(René Thom)의 카타스트로피 이론, E. 로렌츠(Edward Norton Lorenz)의 오차계산의 이해에 의한 카오스 체계의 발견, M. 파이겐바움(Mitchell Feigenbaum)의 혼돈이론, 프랙탈기하학, 디지털과 아날로그의 결합과 계층성이 포함된 자기조직계의 시스템론, 세포자동자(cellular automata)에 대한 연구 등에서 주장되고 있다.

### 생명게임

복잡성 과학 연구 중 사이버네틱스(cyberne--tics)에서 시작된 '생명게임'이 있다. 생명게임은 간단한 초기 상태와 진화 규칙이 주어지면 무질서한 질서의 패턴을 만들어내는 코드 진화 시스템이다.

수학자 존 콘웨이(John Conway)가 1968년 튜링 머신나 노이만의 자기증식 기계로부터 2차원 세포자동자를 생각해 냈다. 세포자동자는 삶과 죽음, 그리고 번식이라는 3개의 상태를 갖는 튜링머신으로 주위의 환경에 영향을 받으면서 간단한 규칙 속에서 세포들이 어떤 패턴을 보인다. 수학적인 가상의 계산 기계인 튜링머신의 연구는 튜링이 죽은 후에도 계속되어 실제 물리적

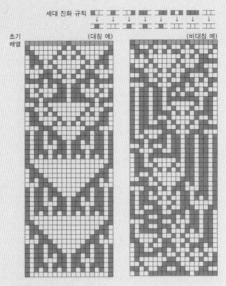

세대 진화 규칙

초기
배열

(대칭 예)　　　　　　　　　　(비대칭 예)

그림c. 1차원 2상태 3이웃의 세포자동자, 장은성, 복잡성의 과학, 1999. (저자 재작도)

인 기계로 구현되었다. 이때부터 물리적으로 동작하는 계산 장치를 연구하는 컴퓨터공학과 이론적으로 동작하는 계산 장치를 연구하는 오토마타 이론으로 나뉘었다.

노이만은 생명체를 일종의 기계로 보았고 자기복제하는 기계를 설계하는 데 몰두했다. 시스템론과 세포자동자의 연구는 생체조직이 세포 단위에서 주변 인접세포의 관계에 반응하는 정보체계라는 생물학적 이해를 바탕으로 환경적응과 자기증식의 핵심적인 이론을 수학화한 것이다. 노이만이 자기증식 오토마톤을 발견하기 전에 골수암으로 죽고 IBM의 코드(E. F. Codd)가 단순화시켜 1970년대 초에 자기복제 패턴을 발견했다. 그후 인공생명이라는 새로운 학문을 창안한 랭턴은 코드의 세포자동자를 보완하여 64kb 밖에 안되는 애플II컴퓨터에서 실행되는 자기복제시스템을 탄생시켰다.

창발

창발성(emergence)은 복잡화의 과정이 진보하면서 계층성을 가질 때 발생한다. 단순 집합이 아니라 결합되고 작동되는 단계로 진화하는 것을 계층성이라 한다. 계층성의 단계를 통한 창발의 과정은 대칭성의 파괴를 통한 무생물의 구성, 형성, 변형, (상)변이에서 나타난다. 생명체에서는 파악(관측)을 통하여 적응 혹은 진화한다. 사회적인 조직이나 시스템의 발전 진보 등의 과정에서도 발견된다.

설계 도면

# XIII. 건축 드로잉

## 구상과 표현

설계과정은 건축 프로그램과 장소에 대한 건축적 해석을 통해, 건축 요소(기능, 공간, 조형, 재료-물성)를 구성하고, 건축적 착상을 통해 '공간-형태'를 구상하는 것이다. 각 단계의 구상을 기록하고 표현하는 단계를 거치는데, 그림을 그리거나 모형을 만들거나, 컴퓨터를 사용해서 보다 구체적으로 구상과 표현을 발전시킨다.

## 현실과 이미지

우리가 보는 현실 대상은 눈의 망막에 생성된 2차원의 이미지가 뇌에서 복원된 것이다. 우리는 뇌에서 3차원으로 형성된 이미지를 통해서 3차원의 현실을 느낀다. 무엇을 시각적으로 인식하는 과정은 대상과 공간을 선(line)이라는 요소로 번역하여 이미지를 형성하는 것이다. 그림13-1 입체물의 면은 눈에 띠는 윤곽선으로 인식하므로, 선이야말로 이미지 형성에서 가장 중심적인 요소이다.

선은 세 가지로 구분된다. 윤곽선은 대상을 배경으로부터 구분시키는 선이다. 명암선은 빛에 의한 효과인 밝음과 어두움의 경계면이 선으로 인식된 것이다. 볼륨이 둥글거나 명암 변화가 점진적일 때는 명암선 파악이 혼란스러워진다. 색상선은 색상으로 구분되는 경계가 선으로 파악된 것이다.

## 2차원 표현법

그리스 로마시대에는 공간과 형태를 현실감 있게 표현하는 회화적인 수법(일종의 투시도 혹은 단축법 등)이 현대에 못지않게 발전해 있었다. 초기 기독교의 성상파괴운동(iconoclasm)은 서양미술사에서 공간을 표현하는 회화적 수법이 거의 사라지게 했다. 인본주의를 표방하는 르네상스 시

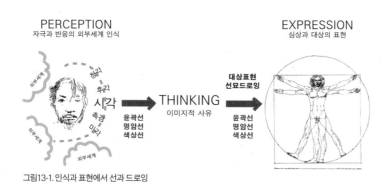

그림13-1. 인식과 표현에서 선과 드로잉

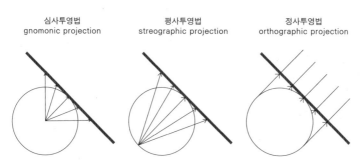

그림13-2. 지도 방위도법의 종류, 한국어 위키피디어 (저자 재작도, 2018. 5. 17. 접속)

기에 와서, 회화가 예술과 종교적인 역할을 다시 수행하면서 공간적인 표현이 부활되었고, 1410년경 F. 브루넬레스키(Filippo Brunelleschi)에 의해서 투시도법이 발견되었다. 레오나르도 다빈치(Leonardo di ser Piero da Vinci)는 '최후의 만찬'에서 투시도법과 단축법을 사용하고, 특히 원경의 윤곽선을 흐릿하게 표현하는 스푸마토(sfumato) 방식을 구현하면서 공간 표현의 회화적 수법을 완성하였다.

작가의 감정과 인상, 시간적인 표현을 드러낸 인상파를 거치고 나서, 회화에서 그려야 하는 대상의 본질이 무엇인지, 어떻게 드러내야 하는지는 중요한 이슈가 되었다. 후기 인상파 3인인 P. 세잔느, V. 고흐, P. 고갱은 회화의 문제의식을 핵심적으로 보여준다. 특히 P. 세잔느는 3차원 현실 공간의 대상을 2차원 평면에 어떻게 표현할 것인가의 문제에 집중하면서 후일 큐비즘의 선구가 되었다. 지도 작성에서도 3차원 곡면을 2차원 평면으로 그리는 투영법이 연구되었다. 그림13-2

투시도 원근법은 르네상스의 인본주의 가치관이 반영된 것이다. 대상이나 공간을 바라보는 사람을 중심으로 그리는 방법이다. 이에 비해 근대 건축 초기에 건축가들이 건축과 공간 표현에 많이 사용했던 액소노매트릭이나 아이소매트릭 같은 투상도는 시선의 중심이 없이 그리는 평행투사법이다. 투상도에는 실제 각도와 길이가 반영되는데, 투시도와 비교하면 객관적이고 관조적 표현법이다. 그림13-3

## 스케치와 구상하기

컴퓨터 시뮬레이션이 발전하여 가상과 현실의 구분이 애매해지는 세상에서도 수작업의 가치는 줄지 않는다. 스케치와 드로잉 수작업은 관찰하고, 파악하고, 기억하고, 근육을 사용해서 펜을 다루어 화면에 표현하는 것이다.

펜과 붓은 일차적인 도구로서, 신체의 연장이라 할 수 있다. 드로잉 훈

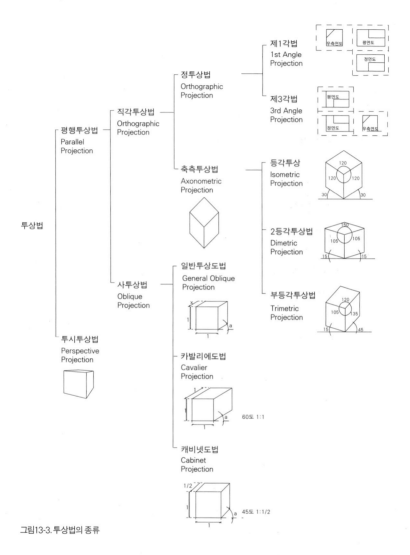

투상법

평행투상법
Parallel
Projection

직각투상법
Orthographic
Projection

정투상법
Orthographic
Projection

제1각법
1st Angle
Projection

제3각법
3rd Angle
Projection

축측투상법
Axonometric
Projection

등각투상
Isometric
Projection

2등각투상법
Dimetric
Projection

부등각투상법
Trimetric
Projection

사투상법
Oblique
Projection

일반투상도법
General Oblique
Projection

카발리에도법
Cavalier
Projection

60도 1:1

캐비넷도법
Cabinet
Projection

45도 1:1/2

투시투상법
Perspective
Projection

그림13-3. 투상법의 종류

련을 통해서 신체를 강화하면서 보다 효과적으로 정신적인 확장을 성취할 수 있다. 무술을 연마하는 검객의 칼과 창, 활 등의 무기뿐 아니라, 스포츠에서도 우리는 도구에 의한 신체 확장을 경험한다.

2차적인 도구라 할 수 있는 기계는 신체의 직접성이 감소하지만 기술적 능력이 높아진다. 3차적인 도구는 로봇이고, 4차적인 도구는 컴퓨터이다. 보다 강력한 기계적 능력이 생성된다. 5차적인 도구는, 도구의 성격에서 하나의 독자적인 주체로 성장할 컴퓨터와 로봇이 결합된 인공지능 로봇이다. 인공지능 로봇은 가상공간과 현실공간을 통틀어 가장 강력한 도구이다. 그렇게 강화되고 발전된 미래 세계의 도구 환경 속에서도 일차적인 도구는 직접성의 효율과 신체성의 가치를 유지할 것이다.

손으로 그린 드로잉은 가장 간단한 도구인 펜과 종이만 필요하다. 건축적 구상과 그 구상의 전개인 드로잉, 그리고 완성된 건축물은 건축의 세 가지 핵심적인 가치를 공유하고 있다.

건축적 공간은 바라 보이는 건너편의 대상이 인식되어야 비로소 느껴지는 허공이다. 한점에 모이는 세 개의 선으로 공간 속의 입체가 드로잉에서 그려진다. 건축가는 선으로 그려진 입체를 통해서 3차원의 공간을 머리 속에서 세운다. 건축적 공간 속에 사람들은 모이고 움직인다. 사람들의 웅성거림이 살아난다. 공간도 가상이고 가상의 공간에서 사람들의 움직임도 상상이다. 건축적 상상을 가능하게 하는 것이 드로잉의 힘이라 할 수 있다. 드로잉 훈련은 새로운 공간, 새로운 세계를 만드는 훈련이 될 것이다.

# XIV. 건축설계 도면

우리가 사용하는 건축(建築)이라는 단어는 영어 아키텍쳐(Architecture)의 번역어이다. 건축은 공사한다는 뜻이 담긴 건설(建設; construction)이라는 단어와 유사해서 아키텍쳐의 내용을 제대로 담지 못한다. 건축이란 용어에는 아키텍쳐와 다른 동양의 문화가 반영되어 있다. 한자의 구성을 보면, 짓는 것을 계획한다는 의미로서 건설이 아키텍쳐에 가깝다.(한국어 위키피디어, 2018. 5. 16. 접속)

plan은 계획으로 번역되는 경우가 더 많지만, 설계(設計)는 design과 plan을 모두 포함한다. plan은 "① (목표 달성을 위해 고려되는 일련의) 계획[방안, 방침] ② 기계·건물 등의 도면[설계도] ③ (투자 등의) 계획"이다.(네이버 영어사전, 2018. 5. 16. 접속)

## 건축도면의 도법

설계도서는 건축물의 구상 과정과 그 결과를 정리, 기록한 문서로서, 도면과 그 도면을 보완하는 자료와 서류로 이루어진다. 건축도면은 하나의 언어적 표현 수단으로, 코드화하여 체계를 갖고 있지만, 소통원리는 그림과 크게 다르지 않다.

건축도면은 대상을 선묘로 그리는 표현법이다. 실제 건축물을 일정한 비율로 축소하여 그리므로, 모든 요소를 그릴 수 없고 생략하거나 강조해서 윤곽선 위주로 그리게 된다. 필요한 경우 원근법 표현도 사용한다. 건축도면은 단면도법, 윤곽선법, 정투상법의 세 가지 도법에 의존한다. 그림14-1

단면도법은 건축물의 절단면을 그리는 것이다. 윤곽선법은 절단된 부분의 건축 부재들을 선으로 그릴 때 절단된 재료의 외곽선, 즉 윤곽선을 그리는 방법이다. 또 한 가지는 정투상법이다. 그리려는 대상의 절단면을 도면에 평행하게 투사하여 그리는 방법이다.

평면도는 높이(보통 1.2m 정도)에서 수평으로 자른 면을 수직으로 평행하게 투사시킨 것이다. 수평으로 자른 면의 윗부분을 제거하여 내려다

**단면도법**

건축물에 절단면을 설정하고 잘린면의 부재 형상과 구성을 연상하여 그린다.

**정투상법**

절단면에 평행하게 그리는 화면을 설정하고 평행투사하여 그린다.

**윤곽선법**

잘린 부재들의 윤곽선을 그린다. 축소된 표현을 고려하여 강조 혹은 생략해 그린다.

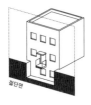

절단면

도면(screen)

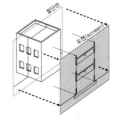

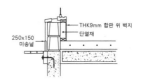

모르타르 위 스터코 마감

6˝ 블럭 위 20mm 모르타르 위 WP

200x200 미송기둥

THK15mm 미송

THK9mm 합판 위 벽지

THK9mm 합판 위 벽지

단열재

250x150 미송널

그림14-1. 도면 표현법

본 것과 같다. 단면도는 특정한 위치를 수직으로 자른 면에 평행하게 도면을 놓고 투사시킨 것이다.

입면도는 건축물의 입면이 잘 드러날 수 있는 건축물에 가까운 위치에 입면과 평행한 화면(이 경우 절단면과 화면은 동일하다)을 가정하고 수평으로 평행하게 투사시킨 것이다. 입면도 역시 절단된 땅이 나타나는 일종의 단면도이다. 구조도나 실내도, 기계설비도, 전기설비도 등도 원칙적으로 단면도법의 방법을 따른다. 모든 구성물의 단면은 절단된 재료의 윤곽선이 생긴다. 그 윤곽선이 도면의 선이 된다.

실제보다 축소되어 도면에 그려지는 선은 중요도에 따라서 강조되거나 생략된다. 건축물의 구법을 연상하여 그리는 단면도법, 정투상법, 윤곽선법은 일종의 회화적 방식이라 할 수 있고, 기존의 제도법, 즉 벽체를 그리는 법, 계단을 그리는 법, 창문을 그리는 법은 기호적 방식이라 할 수 있다.

구법과 재료 구성을 이해해서 그리는 회화적 방식이 기호적 방식에 비해 훨씬 확장성이 있다. 복잡한 구조나 특수한 분야의 도면에서도 회화적 방식은 구상과 표현과 소통을 위해 언어만큼 유용한 방법이다.


도면의 목적

도면은 설계 단계마다 그 목적이 다르다. 계획설계 단계의 도면은 구상된 내용이 주로 건축주를 위해서, 발전설계 단계는 설계팀과 협력업체의 소통을 위해서 그려진다. 실시설계 단계는 공사 견적과 시공자의 시공을 위해 그려진다. 준공도서는 건축물의 유지, 관리를 위해 그려진다. 그림14-2

건축도면은 형상, 구조, 재료, 구법을 적절하게 표현하고 경제적으로 구성되어야 한다. 건축도면은 도면 목록, 개요, 재료 마감표 등으로 이루어진 일반 도면, 그리고 배치·평면·단면·입면도, 천장 평면도, 내부 입면도(전개도), 창호도 등의 설계 도면으로 구성된다.

보통 계단실이나 화장실 등에서 복잡한 부분은 공사를 위해서 별도의

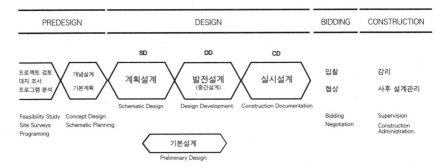

| PREDESIGN | | DESIGN | | | BIDDING | CONSTRUCTION |
|---|---|---|---|---|---|---|
| | | SD | DD | CD | | |
| 프로젝트 검토 대지 조사 프로그램 분석 | 개념설계 기본계획 | 계획설계 | 발전설계 (중간설계) | 실시설계 | 입찰 협상 | 감리 사후 설계관리 |
| | | Schematic Design | Design Development | Construction Documentation | | |
| Feasibility Study Site Surveys Programimg | Concept Design Schematic Planning | | | | Bidding Negotiation | Supervision Construction Administration |

기본설계
Preliminary Design

그림14-2. 설계 진행 단계, The Architect's Handbook of Professional Practice, AIA, 2009. (저자 재작도)

확대도면이나 상세도면을 추가로 그린다. 창호도나 구조도는 형상 표현이 일반적인 도면 그리기를 따르지만 일람표를 사용하여 효율적인 도면을 구성한다.

① 계획설계 단계

계획설계 단계에서 건축가는 건축적인 구상을 위해서 개념적인 도면을 그리고, 구상을 건축주에게 설명하고 건축주를 설득한다. 이 과정에서는 도면 이외의 아이디어를 구상하고 표현하기 위한 스케치, 다이어그램, 투상도 등도 중요하다.

건축주는 건축가와 계약하여 건축설계를 진행하지만, 전문적인 내용이나 문화적인 내용을 이해하지 못하는 경우가 많아서, 별도의 전문가 집단에게 계획설계 단계의 디자인 결정이나 심사를 의뢰하기도 한다.

② 발전설계 단계

발전설계는 기본설계라고도 한다. 계획설계와 실시설계의 중간 단계로, 계획설계 단계에서 확정된 설계안을 발전시키고, 기계, 전기, 구조 등의 기술적인 내용을 현실화, 구체화시킨다. 우리나라 건축관련법에서 중간설계로 명명하고 있는데, 이 용어는 설계 내용을 담기에는 부족함이 있다.

③ 실시설계 단계

실시설계는 발전설계의 내용을 공사하는 기술자가 착오없이 안전하게 시공하도록, 정확한 설계도서를 작성하는 단계이다.

# XV. 평면도와 평면성

건축디자인에서 가장 기본은 평면계획이다. 평면계획은 3차원 입체물의 구상을 위한 1차 단계이다. 지구에서 중력 방향에 연직된 수평면은 일상 생활에서뿐만 아니라 건축의 평면 디자인과 조형에도 중요한 기준이 되는데, 거주의 편리성과 구조적 효율성이 수평면과 불가분의 관계를 갖는다. 수평면은 보행, 회의, 식사와 같은 일생 생활에서 편리함을 준다. 건축 기능을 계획하는 것도 일상 생활을 염두에 두어야 한다. 그 바닥을 벽으로 구획하여 방을 만들고, 건축적인 용도를 부여하고 사용자가 접근하고 이동할 수 있도록 복도나 홀로 연결하는 것에서 평면계획이 시작된다.

평면도는 시공에 필요한 정보 이상의 건축 개념과 방법, 건축적 본질을 담고 있다. 평면도는 각 층의 일정 높이에서 수평으로 잘라 내려다 본 것으로, 벽체와 기둥, 각 실명과 개구부의 위치 등 시공에 필요한 사항을 개괄적으로 표현한 도면이다. 일정 높이는 보통 1.2m~1.5m 정도로 가정한다. 벽체의 두께, 개구부의 위치와 형태를 잘 나타낼 수 있기 때문이다.


## 1. 평면의 선


### 안과 밖의 영역

종이에 수직선을 하나 그리면, 평면인 종이는 선의 왼쪽과 오른쪽으로 나뉜다. 수평으로 선을 그리면 종이 평면은 선의 위와 아래로 나뉜다. 둥글게 선의 양끝 부분을 오무리면 종이의 평면은 안과 밖으로 나뉜다.

건축가는 도면에서 영역을 표시하는 데 이 선을 사용할 수 있다. 안과 밖이 구분되도록 선으로 도형을 그릴 때, 완전한 폐곡선이 아니어도 영역이 표현된다. 종이에 수평선을 그리면 우리의 '중력-시각'적인 습관때문에 단순한 영역이 아니라, 우리는 위와 아래라는 의미로 받아들인다. 선은 영

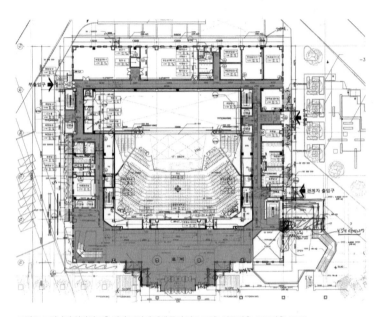

그림15-1. 영남대 천마아트홀 평면도(설계 진행 중인 검토 도면), 이공건축+BSD건축, 2005.

역을 나누고, 상황에 따라 중력적인 의미를 발생시킨다.

영역을 나누는 선은 보통 외부의 경계를 의미하지만, 내부 공간을 구획한다. 건축 평면에서 선은 세 가지 의미가 있다.

① 선으로 내부 영역을 그리다는 것은 그 영역의 외부 경계를 그리는 것이다. 내벽은 기능·용도를 구분한다.

② 외부와 구분된 내부 영역은 건축적으로 실내를 의미한다. 실내는 외부와 다른 밀도가 생긴다고 할 수 있다. 내부를 구획하는 선을 그린다는 것은 외부의 자연 환경에 대해 실내 보호 또는 특정 목적의 환경을 조성한다는 의미가 된다.

③ 외벽은 내부와 외부를 구분하는 영역성과 환경 조절, 조형의 문제를 포함한다. 그림15-1

## 공간의 흐름

선의 길이와 방향에 따라 공간의 폭과 깊이가 결정된다. 이어진 선인지, 끊어진 선인지에 따라 공간의 흐름이 생기도하고 분절되기도 한다. 공간의 심리적인 느낌은 규모에 영향을 많이 받아서 단순하게 정의할 수 없지만, 일반적으로 곡선은 부드럽고 유연한 공간을 만들고 파선은 자극적이고 격정적인 공간을 만든다.

평면에서 선은 기본적으로 벽을 나타낸다. 선분들은 서로 떨어져 있어도 연장선에 있는 것으로 보이면, 그 선분들로 표현되는 공간에서도 연속성이 느껴진다. 벽의 연장이 아닌 여백도 빈 공간의 연쇄로 느껴진다.

## 모듈과 평면

평면계획에서 중요하게 고려해야 하는 것 중 또 하나는 모듈이다. 건축에서 모듈이란, 형태와 공간의 크기, 공장에서 생산되는 건축재료의 크기

그림15-2. 평면 모듈에 따라 시공되는 기둥.

그림15-3. 수직하중을 받는 기둥이 창의적으로 해석된
센다이 미디어테크, 이토 도요, 1989.

를 연구해서 만든 건축적인 기본 단위이다. 모듈은 계획의 편리성, 재료의 효율적인 사용, 구조적인 경제성, 시공의 편리성과 심리적 공간 규모와 연관되어 있어, 평면계획에서 중요한 내용이 된다. 그림15-2

평면은 크기와 용도가 다른 공간들로 구성된다. 평면의 어떤 부분은 작은 공간들이 밀집되어 선들이 조밀하고, 어떤 부분은 큰 공간이 위치해서 선들이 이완되듯이 그려져, 흐름과 분포가 있는 평면 구성이 된다.

근대주의 건축이 주장했던 기능주의는 미학적 도형 원리와 기능적인 구성 원리가 통합될 수 있다고 생각했다. 보이지 않는 손에 의해서 자동 구성된 것처럼, 보이는 잘 성장된 도시나 잘 작동되는 건축물을 살펴보면 회화적인 매력이 느껴질 정도로 밀한 부분과 소한 부분이 공용공간을 통해서 아름답게 구성되어 있다.


기둥 구조 방식과 평면


기둥은 지붕이나 상부 구조를 받치는 구조 요소이다. 면적이 넓은 건물은 상부 층의 하중을 받기 위해 많은 기둥이 필요하다. 평면도에서 기둥은 비교적 균일하게 찍힌 점으로 표현되는데, 이 점들은 평면이 균일한 밀도를 가지고 있는 것처럼 느끼게 한다.

평면도에서 기둥은 상부층과 하부층을 맺어주는 단추같은 역할을 한다. 건축가는 단추같은 점 요소를 반전시켜서 그 자리를 비워 놓기도 하고, 경사 기둥을 이용해서 층마다 점들이 조금씩 틀어지게 하거나 한 점에 모아 뭉쳐 놓기도 하고, 외벽에 집중시켜 놓기도 한다. 그림15-3

고전적인 건축물에서는 상부 하중을 내력벽이 받는다. 19세기 중반에 철근콘크리트 구조와 철골 구조가 획기적으로 발전하였는데, 상부 하중을 기둥이 처리하면서 자유로운 평면이 가능해졌다.

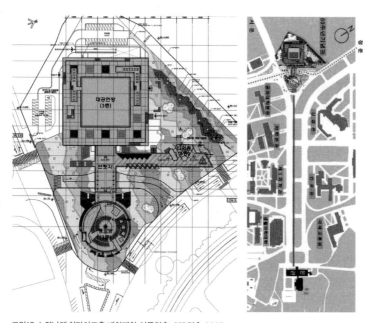

그림15-4. 영남대 천마아트홀 배치계획, 이공건축+BSD건축, 2005.

## 2. 공간 구성, 조형 구성

### 평면 형태와 조형 개념

평면은 선으로 그려진다. 선들은 직선이거나 곡선이다. 건축가는 공간과 형태의 조형 방향에 따라 감각적으로 선을 선택한다. 평면에서 표현되는 선에는 건축가의 미적 감각과 3차원의 공간감이 접목된다.

선에 대한 미적 감각은 천부적인 감성과 드로잉 훈련으로 형성된다고 생각되어 왔다. 1980년대 이후, 실험적인 건축을 시도하는 건축가들과 컴퓨터 프로그램의 영향으로 미적 감각은 새롭게 확장되고 있다. 그것은 새로운 미의식이라고 할 수 있다. 벽과 기둥은 더 이상 수직 요소가 아니라, 벽과 기둥이 수직 요소가 될지, 되지 않을지를 선택할 수 있게 되었다.

건축 볼륨의 기본 단위가 직교의 벽으로 이루어진 큐브에서 시작하지 않기 때문에 공간과 형태의 디자인은 개념적이고 추상화된 실험으로 확장되었다. 즉 볼륨의 기본 단위가 x, y, z 축으로 확장되어 공간이 구성되는 원칙이 무너짐으로써, 기능에서 공간과 형태가 나온다는 기능주의의 주장은 공허해졌다.

디자인 과정에서는 공간과 형태를 연상하면서 기능 관계를 해석하고 3차원으로 발전시켜야 한다. 평면과 연관시켜 형태와 공간을 구상한다. 이 과정은 평면과 공간, 공간과 형태, 형태와 평면으로 순환된다. 그림15-4

### 배치 문제

배치계획과 평면계획에서 중요하게 고려해야 하는 것은 대지의 특성과 건축의 '공간-형태'가 조응하는 것이다.

① 시설의 기능적 인접과 연결에 따른 사용자 흐름을 고려해야 한다.

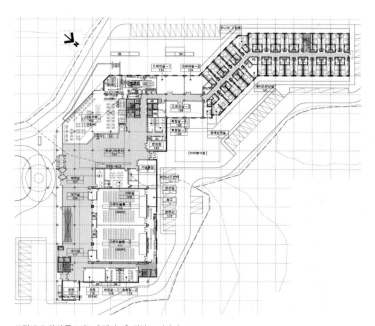

그림15-5. 화성 푸르미르 호텔의 1층 평면도, 이관직, 2015.

② 대지의 기하학적 선이나 도형의 흐름을 읽고 새로운 평면의 선이 대지의 영향선들과 호응하도록 계획해야 한다.

③ 사용자의 접근과 순환의 흐름에 입체적이고 시간적인 연쇄를 고려해야 한다.

④ 외부에서 바라볼 때, 건축물과 주변이 어울리도록 경관을 고려하고, 내부에서 주변을 바라보는 조망을 고려하여 계획해야 한다.

⑤ 분절된 매스들의 관계를 이해하고, 병치, 접촉, 연결, 관입 등으로 입체적인 조형 효과를 염두에 두어 평면을 계획해야 한다.

### 건축의 시간적 구성

평면 구성은 사용자의 흐름에 따른 영화적인 장면을 연속시키는 것(시퀀스)이다. 건축은 조형적인 완결물로 감상되거나 사용되는 것이 아니라, 시나 음악처럼 시간적인 경험을 통해 사용자에게 수용되는 것이다.

건축적으로 고려된 평면계획은 동선으로 연결된 공간들이 음악의 멜로디처럼 사용자를 이끈다. 사용자는 공간의 감상자가 되어서 열린 곳, 좁은 곳, 빛이 충만한 곳, 멀리 현휘가 있는 복도 끝으로 이동하면서 공간의 흐름을 느낀다. 그림15-5

### 공용공간의 구성

공용공간은 로비, 홀, 복도, 수직교통, 서비스로 구성된다. '기능-공간'(목적-공간)은 공용공간에 접속되어 있고 건축물의 형태는 공용공간의 구성 형식에 따라 절대적인 영향을 받는다. 공용공간의 평면 형식은 중심형, 직선형, 가지형, 순환형으로 구분할 수 있다.

# XVI. 단면도와 중력 공간

### 평면과 단면의 관계

평면도는 건축물의 수직 요소인 벽과 기둥을 수평으로 절단해서, 위에서 바라본 수평 단면을 그린 것이다. 수직 공간을 표현하는 단면도는 수평면인 슬래브가 절단되도록 수직으로 자른 면을 그린 것이다. 단면도는 수직으로 분포된 건축공간의 관계를 표현하고, 건축물의 중력적 상황을 보여 주는 도면이다.

평면계획은 건축 형태의 기초가 되는 공간의 기능과 동선에 관련된 2차원 문제이고, 단면계획은 중력을 포함한 외력에 대응하는 구조 해결과 수직 공간을 구성하는 3차원 문제이다.

### 중력에 대응하는 구조

건축공간과 형태를 만들 때는 중력적인 상황(중력적 물질성), 조립·설치 과정(텍토닉)의 이해가 작업의 기본이 된다. 중력을 포함한 풍력, 지진력 등을 고려해야 한다. 이같은 외력은 건축구조의 일차적인 문제이다.

서구건축의 역사는 건축의 구조적인 문제 해결로 발전해 왔다. 그리스인은 가구식 구조를 발전시켜 신전을 건설했으며, 로마인은 에트루리아인에게 전수받은 아치 구조를 돔(dome)과 궁륭(vault)으로 발전시켰다. 고딕시대에는 돔과 궁륭을 형태 미학적으로 완성시킨 포인티드 아치(pointed arch), 리브(rib)의 하중을 받는 피어(pier)를 사용해서 종교적 이념이 승화된 성당을 화려하게 만들었다.

동양의 유목민들은 이동생활에 최적화된 텐트 건축물을 지었다. 구조적인 요구에 대한 건축화는 네 단계로 전개시킬 수 있다.

① 공간을 형성하는 외벽과 지붕
원시사회의 인간은 자연 형성된 동굴에서 살았다. 수렵과 채집을 위해

그림16-1. 파리 노트르담 성당의 배면, 1163-1345.

동굴에서 나와, 자연에서 구한 재료를 가공해서 움집과 오두막 같이 건조된 집을 지었다. 환경을 조절해서 거주성을 확보하려고 만든 최초의 인공적인 장소이고 공간이라 할 수 있다.

흙과 돌을 쌓아 벽을 구축하거나, 기둥과 보를 엮어서 가구를 만들었다. 공간을 만들기 위해서 기둥, 벽뿐만 아니라 지붕이나 바닥의 수평 구조를 동시에 해결해야 했다. 이 노력이 아치, 볼트, 돔, 트러스 등의 다양한 구조 형식을 발전시켰다.

② 다층화와 고층화의 해결

토지의 이용 효율을 높이려는 욕구는 다층 건축물을 출현시켰다. 높고 웅장한 건축물을 짓고, 높은 곳에서 내려다보려는 욕구도 고층 건물의 발전과 관계가 있다. 다층화, 고층화의 욕구는 수직 중력과 수평 외력의 문제를 구조적으로 해결하도록 자극했다. 고딕건축은 건축물의 구조와 인간의 건축적 이상을 완벽하게 통합한 것으로 평가된다. 그림16-1

바로크 시대 건축은 운동감이 있는 평면과 내부 공간의 구조 장식적 표현이 결합되어 있다. 근대건축가들은 장식을 배제하면서 건축의 조소적인 잠재력을 발견했다. 특히 콘크리트의 조소성이 핵심이 된다. 또한 철골 구조의 경량성을 유리의 투명성과 결합하여 새로운 망상 구조물의 미적 표현력을 찾아냈다.

③ 구조미

건축가들은 건축의 공간과 형태를 만드는 건축구조에서 예술적 아름다움을 발견하고, 그 미적 잠재력을 사람들에게 이해시키고 공감시켰다. 구조미는 안정된 구조의 형태, 구조 부재에서 보이는 긴장감, 부재의 기계공학적인 결합 상세 등이 복합되어 드러나는 아름다움이라 할 수 있다. 구조미는 형태미, 공간미와 함께 건축적 표현의 주요 대상이 된다. 그림16-2

그림16-2. 서울 상암월드컵경기장, 류춘수, 2002.

그림16-3. 슈투트가르트 공항, 마인하르트 폰 게르칸, 1991.

④ 구조응력

구조물에 외력이 가해졌을 때, 외력에 대응하여 구조물 내부에 생기는 이론적인 힘을 구조응력이라 말한다. 압축력을 받는 부재에는 압축응력이, 인장력을 받는 부재에는 인장응력이 생긴다. 수직 하중을 받는 수평 부재의 단면에는 압축응력과 인장응력이 동시에 생긴다. 이 응력은 압축과 인장의 복합응력으로 휨응력이라 한다. 건축물이 안전하게 유지되기 위해서는 건축 부재에 가해진 외력과 부재 내부의 응력이 평형을 이룬다.

## 구조 개념과 형태

건축가는 구조 전문가가 개발하고 발전시킨 구조 개념과 구조시스템을 이용해서 새로운 공간과 형태를 디자인한다. 장스팬의 대공간을 실현할 수 있는 트러스 구조, 현수 구조는 공항의 콩코스, 실내 경기장의 돔 시설, 스타디움의 거대한 차양시설 등에 사용된다. 특히 지진과 바람 등 수평력에 저항해야 하는 초고층 건축과 중력의 한계를 극복하는 대형 무주공간은 구조 디자인에 절대적인 영향을 받는다.

구조기술자 로버트 마이야르(Robert Maillat)는 산과 산을 연결하는 장 스팬의 쉘 구조 다리에서 경쾌하고 선적인(linear) 비물질의 이미지를 보여준다. 마인하르트 폰 게르칸(Meinhard v. Gerkan)이 설계한 '슈투트가르트 공항'의 콩코스는 나뭇가지 모양의 기둥과 얇은 판상의 지붕 구조를 결합해서 거대한 트러스가 아닌 방법으로 비행장 대형 공간에 독특한 공간 이미지를 만들어내고 있다. 그림16-3

## 수직적 공간 배치

단면계획은 두 가지 방식으로 접근할 수 있다. 하나는 기능적으로 계획된 2차원 평면들을 적층시키면서 공간화하고 전체 공간과 형태를 3차원으

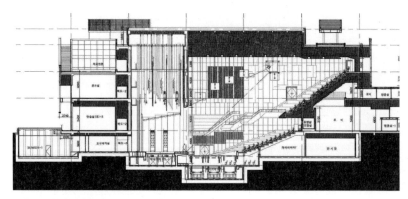

그림16-4. 영남대 천마아트홀 단면도, 이공건축+BSD건축, 2005.

로 만들어 가는 방법이다. 다른 하나는 3차원적인 부피나 형태 이미지를 먼저 구상하고 레벨별 바닥을 삽입하여 공간적인 기능을 해결하는 것이다. 단면계획에서는 입체적인 기능과 '공간-형태'의 구상과 하중의 흐름을 고려해야 한다.

평면을 공간화하기 위해서는 기능적으로 구획된 평면을 사람이 거주하는, 높이가 있는 '부피-공간'으로 생각해야 한다. 공간에 거주하는 사람이 올려다보거나 내려다 볼 수 있고, 위에서 내려오는 빛의 흐름을 느낄 수 있게 계획해야 한다. 각 층의 평면은 일종의 팝업 카드처럼 공간적 상하 관계가 생긴다. 이러한 입체적인 구상은 바닥 일부를 오픈시켜 위·아래층으로 연결된 입체적인 시선과 동선을 구상할 수 있게 된다. 사용자의 시선과 동선, 빛을 수직 또는 사선 흐름으로 입체화하여 재구성하는 것이 구조적인 해결과 더불어 단면 연구의 핵심이다. 그림16-4

## 단면설계

단면설계는 수직적으로 공간과 형태를 복합적으로 만들어가는 과정이다. 구조는 지구의 중심으로 향하는 중력, 물질의 운동인 바람, 지진에 의한 진동, 충격에 관계된다. 건축물의 단면설계는 구조 해결과 에너지 환경에 관계되며, 근본적으로 사용자의 거주성에 관련된다. 그림16-5

### ① 기둥 간격

기둥 간격(span)은 상부 층의 하중을 받기 위하여 적절하게 고려된다. 철근콘크리트 건물에서는 6m~9m를 사용하고, 철골 건물은 8m~12m 정도를 사용한다.

### ② 층고와 천장고

층고(floor height)는 보통 아래층 슬래브 상단에서 위층 슬래브 상단까

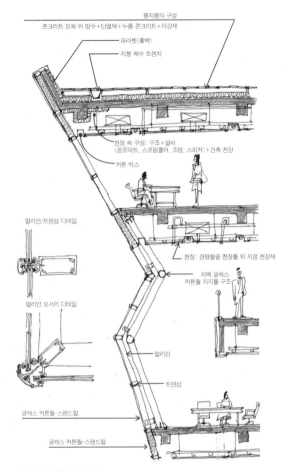

평지붕의 구성

콘크리트 모체 위 방수＋단열재＋누름 콘크리트＋마감재

파라펫(흉벽)

지붕 배수 트랜치

천장 속 구성: 구조＋설비
(공조덕트, 스프링쿨러, 조명, 스피커)＋건축 천장

커튼 박스

멀리언/트랜섬 디테일

천장: 경량철골 천장틀 위 지정 천장재

외벽 글래스
커튼월 지지틀 구조

멀리언 모서리 디테일

멀리언

트랜섬

글래스 커튼월-스팬드럴

글래스 커튼월-스팬드럴

그림16-5. 건축 단면의 구성

지 거리를 말하는데, 단면에서 필요 공간으로 결정된다. 층고는 건축적인 공간인 천장고(ceiling height)에 '천장 속 공간'(envelope; 천장마감, 기계·전기·소방설비, 보·슬래브의 구조), 바닥마감을 더한 것이다.

천장고는 보통 2.4m~3.0m가 되지만 공간의 용도에 따라 다르다. 공기 조화설비를 시설한 건축물에서 천장고는 3m, 층고는 4.2m~4.5m 정도가 된다. 포스트 텐션 구조, 프리텐션 구조, 와플 구조 등에서 층고는 더 낮아지고, 같은 층고에서도 기둥 간격을 더 크게 할 수 있다.

③ 설비 필요 공간

설비 필요 공간은 공조설비를 하는 건물의 경우 0.5m~0.8m이고 천장 마감 필요 치수는 조명기구를 포함해서 0.2m 정도이다.

④ 보의 높이

보의 높이는 기둥 간격의 1/15을 기준으로 하면 큰 문제가 없다. 기둥 간격이 8m인 경우, 보의 높이를 약 50cm(슬래브 포함)에, 설비와 천장 마감을 더한 1.2m~1.5m가 천장 속 공간이 된다.

⑤외벽 재료

외벽 계획은 건축물의 조형, 외벽 재료의 구성과 구법, 환경적 성능을 결정한다. 방수와 방습, 공기 흐름의 차단과 개방, 단열, 방음과 차음, 채광과 차광, 조망과 관련된다.

# XVII. 입면도

평면, 단면, 입면

평면계획은 용도별 실로 구성된 건축 프로그램을 사용자의 동선을 고려하여 2차원 공간으로 구성하는 것이다. 평면도는 중력적이고 수직적인 요소인 벽체를 의미하는 선으로 용도별 공간을 구획하고 건축물의 외피(skin)를 그린 것이다. 외피는 외부와 구분되는 실내의 영역성을 유지하는 경계이고 외부 환경에 대한 보호 기능을 갖는다.

단면계획은 바닥, 벽, 지붕으로 구성된 건축 공간을 만들기 위해 구조적인 해결을 구상하고, 수직적인 여러 레벨의 평면을 입체화하고, 수직교통의 연결을 계획하는 것이다. 또한 사용자의 시선, 햇빛이 위아래층에 걸쳐 입체적으로 관통할 수 있도록 고려하는 것이다.

입면계획은 외부 환경을 차단하고 조절하기 위한 건축물의 외피를 조형적, 재료적 관점에서 계획하는 것이다. 건축물의 입체적인 표현력을 높이기 위해 재료와 형태를 구체적으로 디자인해야 한다. 건축물이 도시적 연결 기능을 가지고 있고, 매스와 형태가 도시적 구성물이고 문화적인 대상인 것을 이해해야 한다.

건축 조형과 입면계획은 건축의 일차적 목적인 '장소-공간' 조성, 구조해결, 환경 조절을 위한 외피를 디자인하는 것이다. 시각적 대상으로서 건축 조형과 입면이 도시적, 문화적인 의미를 발생시킨다. 그림17-1

외피의 기능성과 표현성

건축 입면을 계획할 때, 건축물의 외피가 갖는 기능성과 표현성을 이해해야 한다. 외피의 기능성은 외부 환경(열, 빛, 소리 등)에 대응해서 실내를 보호하는 성능(단열, 차광, 차음 등), 실내에서 생활하는 사용자의 건축적 요구(조망, 자연 환기 등)를 성취하는 성능이다. 외피의 표현성은 시각적인 대상으로서 조형예술적 영향력을 말한다.

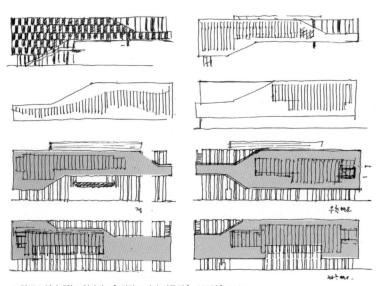

그림17-1. 영남대학교 천마아트홀 입면 스터디, 이공건축+BSD건축, 2005.

건축물의 외피는 외부 공간과 내부 공간의 경계면이다. 외피의 외부는 도시 경관과 환경이 되고, 내부는 실내공간의 분위기를 만든다. 입면계획은 일반적으로 외부 디자인을 의미하지만, 내부 디자인과 함께 다루어야 한다. 그림17-2

- 외부 디자인: 조형적, 도시적 문제로 확장되는 입체감, 창과 벽의 입면, 외장 재료
- 내부 디자인: 사용자의 거주성과 실내 분위기. 벽, 천장의 입체적 구성, 조명, 내장 재료

① 형태

근대건축은 수천 년 동안 다양한 형태, 장식적 표현, 구조와 관련된 힘의 흐름을 확장되는 육면체와 편평한 '흰 벽과 검은 구멍의 미학'으로 변경시켰다. 건축의 형태와 장식은 중력, 대지에 대한 일차적인 대응을 단순화시키면서, 추상적인 형태로 일반화되었다.

근대건축 이후, 새로운 관심은 사선, 나선, 자유 곡면, 비정형 조형으로 확장되었다. 형태와 관련된 입면 구성은 요소를 통한 반복(리듬감, 안정감), 선적인 전개를 통한 방향성이 있다.

② 재료-물성

외피를 구성하는 재료의 표면 효과적 물성은 투명성(transparency), 반투명성(translucency), 불투명(opacity)으로 구분되고, 재료의 질감과 색상이 추가된다. 투명성과 불투명성은 '보이드-솔리드' 볼륨의 구성과 관계된다.

③ 미감각

아르누보(Art Nouveau)나 미래주의, 구성주의는 다양한 미감각을 시도하고 실험했지만, 근대주의는 미니멀 경향이 주도적인 흐름을 만들면서 진

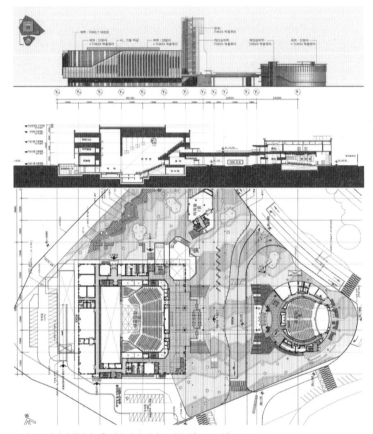

그림17-2. 영남대 천마아트홀 입면/단면/평면도, 이공건축+BSD건축, 2005.

보적인 시도를 포기한다. 20세기 후반, 유기체와 속도에 대한 관심은 다시 새로운 관심 대상이 되고 시대적인 미감각으로 수용된다.

④ 디테일과 텍토닉

건축에서 결구(articulation)는 기능성과 시공성, 형태미와 경제성이 관계된 단위 부재들의 결합을 의미한다. 건축가는 건축 전체의 개념에 미치는 요소를 이해해야 하고, 그것이 디테일과 결구로 완성되도록 연구해야 한다. 좋은 아이디어는 그에 맞는 경제성, 기술, 시공을 통해서 구현될 수 있다.

한편 자재의 자기청정력은 외벽 설계에서 중요하게 고려해야 할 사항이다.

## 기호학과 건축설계

건축에서 기능과 '공간-형태'가 자극과 반응의 단계를 넘어, 건축가의 의도와 기호로 드러나는 의미작용을 좀 더 이해하기 위해 기호학의 기본 개념을 살펴본다.

### 의미작용과 소통

한 여학생이 '나는 너를 좋아한다'는 의미로 한 남학생의 생일날에 꽃을 선물했다고 가정하자. '내가 너를 좋아한다'는 추상적 관념을 기의(Signifié)라고 부른다. 이것은 여학생의 머릿속에 있는 정신적인 '의미'이기 때문에, 이것을 나타내는 의미의 운반체가 필요하다. 의미의 운반체를 기표(Significant)라고 한다. 장미꽃은 '내가 너를 좋아한다는 의미'가 배어 있는 특별한 장미인 것이다. 기표로서 장미꽃이, 좋아한다는 기의와 결합함으로써 하나의 기호(sign)가 된다.

여학생이 꽃을 사랑의 기호로 만들 때, 즉 기의를 기표에 담을 때 의미작용(signification)이 생긴다. 이 기호가 남학생에게 전달되어 '그녀가 나를 사랑하는구나'라는 의미가 재생산될 때 소통(communication)이 이루어졌다고 한다. 커뮤니케이션은 메시지 전달 과정으로, 같은 의미작용이 송신자와 수신자 사이에 일어날 것을 기대하고 쌍방이 참여하는 행위이다. 기호학에서 말하는 기호의 기능은 의미작용과 소통이다.

### 표상성과 자의성

기호는 표현하려는 대상체를 대신한다. 이것

이 기호의 표상성(representativeness)이다. 어떤 다른 것을 의미있게 대체할 수 있는 것이면 무엇이든 기호가 될 수 있다. 어떤 다른 것은 기호가 그것을 표상하고 있는 시간에 같이 있어야 할 필요가 없다.

기호와 대상의 관계는 임의적이다. 기호는 물질적인 것에서 관념적인 것인 것까지, 존재하는 것에서 허구적인 것까지, 무엇이든 대표할 수 있다. 기호의 성격이 자의성과 표상성을 가지고 있지만, 이것이 의사 전달의 기능을 수행하기 위해서는 발신자와 수신자에게 공통적인 코드가 존재해야 한다. J. 보드리야르는 이러한 조작을 모조(simulation)라 부른다. 기호는 있는 것을 없는 것처럼 만드는 능력도 있다. 이것을 역모조(dis-simulation)라고 한다. 모조와 역모조는 진위판단의 기준을 훼파하여 진실과 거짓, 실재와 가공의 차이를 분별할 수 없게 만든다.

### 은유와 환유

기호는 기표와 기의가 결합된 것이다. 기호는 독립적인 의미와 내용을 가지고 있는 것이 아니라 차이에 의해서 구분이 가능해진다. 기호가 언어가 되기 위해서는 구조의 확장이 있어야 한다. 즉 랑그(langue)가 되는 것이다. 소쉬르는 인간의 언어활동을 랑그와 파롤(parole)로 구분한다. 랑그는 언어체계를 뜻하며 언어를 조직하는 관습과 법칙을 포함한다. 파롤은 구체적인 현실 상황에서 개별적인 발화를 의미한다.

R. 야콥슨(Roman Jakobson)은 F. 소쉬르(Ferdi-nand de Saussure)의 언어구조 이론을 적용해서, 은유(metaphor)는 유사성에 따른 선택이고 환유(metonymy)는 인접성의 원리에 따른다고 말한다. 인간은 언어활동에서 유사성의 계열적 선택을 통해 은유를 생산하고 인접성의 연속적 선

택으로 환유를 표현한다. 은유는 A=B로 표현할 수 있는 등가의 원리가 작용한다. 환유란, 하나의 단어가 즉각적이고도 자연스럽게 인접한 다른 단어를 연상시키는 것을 말한다. 예를 들어 물을 받아먹고 더 먹고 싶을 때 '한 컵 더 줘'라는 표현은 환유이다. 환유는 도상이나 지표에 가까운 기호이다. 어떤 현실체와 직접 연결되어 있어 현실적인 효과를 일으킬 뿐만 아니라, 기호 사용자(해독자)로 하여금 환유의 나머지를 메우도록 유도하는 힘을 가지고 있다.

### 기호와 해석

예술과 관계된 기호의 중요한 특성은 '자의성'과 '인조성'이다. 기호의 자의성을 체계적으로 극복하려는 노력은 과학과 수학에서 '친숙화'(familiarization)로 나타나고, 자의성을 이용해 기호의 변용을 극대화시키는 예술에서 '낯설게 하기'(estrangement)로 나타난다. 이 두 가지는 기호의 코드화(codification) 조작 위에서 일어난다. 커뮤니케이션은 코드화를 필요로 하지만, 의미작용은 코드화와 동시에 탈코드화를 허용한다. 예술에서 코드화가 상습화된 것을 매너리즘이라 한다.

탈코드는 기호를 탈기호화(de-sign)한다. 탈기호화는 통상적 기호(raw signs)가 갖는 기표와 기의의 관계를 새로운 질서 위에서 재-조립되는 것이다. 모든 디자인(de-sign)은 기호를 새로운 질서 수준으로 옮겨 놓은 것이다.

### 기호학과 건축

움베르토 에코(Umberto Eco)는 "R. 바르트가 말한대로 '사회가 존재하는 순간부터 모든 용도(기능)는 그 용도의 기호로 바뀌는 현상'이 일어난다."고 말했다. 건축은 기능이 있는 일상의 인공물이나 디자인보다 많은 예술적 의미를 담고 있다. 건축에서 기호학적 관심은 '기능-의미'의 소통과 '자극-반응'의 현상을 포괄할 수 있어야 한다. 기능적인 공간과 형태는 학습과 경험에 의해서 코드화를 형성한다. 사람들은 건축물과 건축물 요소가 보여주고 지시하는 기능적 의미를 이해하고 알아보고 행동한다. 기능을 상실한 역사 유적처럼 코드화 작용을 고려하지 않는다면 '기능을 뒤따르는 형태'는 그야말로 신앙에 불과하다. 그렇다고 해서 새로운 기능을 이해하기 위해서 반드시 기존의 형태를 참조해야 한다는 말은 아니다.

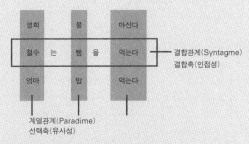

그림d. 파롤에서 계열관계와 결합관계, www.epicurus.kr
(2018. 5. 17. 접속, 저자 재작도)

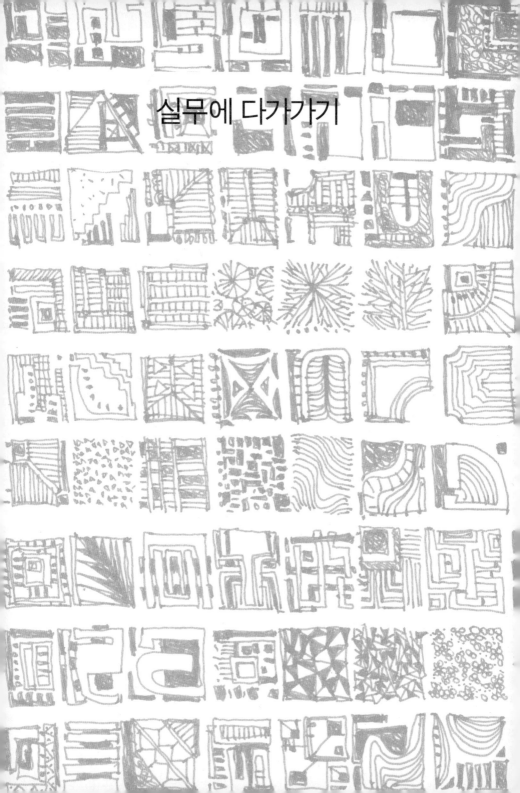

실무에 다가가기

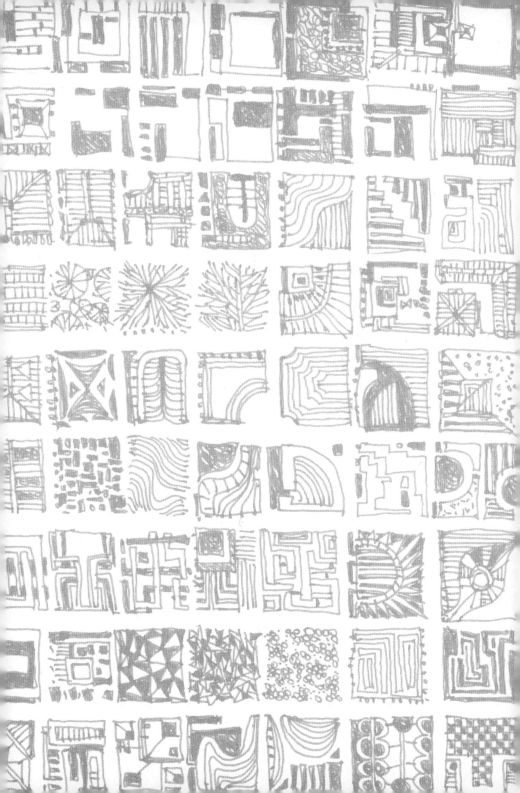

# XVIII. 건축과 재료

재료에 대한 관심은 모든 예술 분야에서 공통적이다. 재료의 물성과 변형의 잠재력을 이해해서 건축적인 형태로 상상할 수 있는 능력을 재료적 상상력이라 한다면, 재료가 결합되고 통합되어 공간과 형태를 이루는 것을 이해하고 상상할 수 있는 능력을 구축적 상상력이라 할 수 있다. 이 두 가지 상상력은 브리콜레르 작업을 토대로 하는 모든 예술과 문화의 작업자에게 필수적인 능력이다.

현대 미술은 18세기 이후, 바다풍경화, 전원풍경화, 정물화, 초상화 등의 전문화가 발전하면서 회화의 대상이 소재주의로 확산되었고, 인상파와 후기 인상파를 거쳐 개인의 감정이나 느낌을 표현할 수 있는 가능성을 열었다. 특히 P. 고갱, V. 고흐, P. 세잔느는 새로운 세기의 그림이 어떻게 발전될 것인가를 치열하게 보여 준다. P. 고갱은 회화를 통하여 삶의 철학적이고 종교적인 세계 고백을 한다. V. 고흐는 삶과 생명에 대한 열정, 감정의 분출을 보여준다. P. 세잔느는 사실 혹은 사물의 회화적 진실을 보여준다. 이들은 회화의 근본적인 문제를 다루기 시작했다.

고갱, 고흐, 세잔느 이후에는 크게 두 가지 방향으로 전개되었다고 할 수 있다. 첫째는 물감으로 평면에 칠하는 것인 한, 회화는 환상 혹은 이미지를 통해서 작가의 의도를 표현하는 것으로서, 옵아트(optical art), 미니멀 아트(minimal art)로 귀결된다. 두번째는 V. 고흐에 의해서 착상된 것으로 붓자국, 마티에르에서 드러나는 물감과 화면의 물질적 능력을 통해서 작가의 의도가 표현된다. 사실 대부분의 조형예술에서는 이미지와 물질성이 결합되어 동시에 표현된다. 이미지가 작가의 정신에서 나온다면 물질성은 재료에서부터 오는 것이다. 물질과 물성 효과가 새로운 감각의 단서가 된다.

### 건축재료와 감각

건축은 용도가 있는 응용예술(가구디자인, 의상디자인, 산업디자인 등)과 마찬가지로 거주와 활동이라는 구체적인 용도를 가진다. 건축재료는

그림18-1. 석재를 곡면으로 가공하여 쌓아 붙인 사례, 카사밀라, 안토니오 가우디, 1910.

그림18-2. 내소사 대웅보전의 꽃살문 창호, 1633.

작가의 표현욕구를 실현하기 위한 재료이면서, 사용자를 위한 용도, 혹은 기능을 충족시켜야 하는 재료가 되어야 한다.

건축재료는 구조재료와 마감재료로 나뉜다. 마감재료는 건축물 내외부의 표면을 구성하는 재료로서 사용자의 느낌과 직접 관련된다. 그 느낌을 이항대립시켜 보면 '딱딱하다-물렁하다', '거칠다-부드럽다', '불투명하다-투명하다'(반투명하다) 같은 것이다. 대비되는 느낌이 건축재료를 선택하는 기준이 된다.

건축재료를 딱딱하고 무겁고 불투명한 계열과 투명하고 부드럽고 유연한 것으로 크게 나누어보려 한다.


① 불투명함 · 딱딱함

돌과 벽돌, 타일, 철과 비철금속 등. 돌은 혹두기나 판석 가공되어 외벽에 설치되고, 철판과 아연, 알루미늄 등은 1mm~3mm 정도의 얇은 판으로 가공되어 클래딩시킨다. 그림18-1


② 투명함 · 부드러움

유리, 천, 종이 등. 유리는 근대건축에서 가장 보편적인 재료가 되었다. 투명성은 풍부한 해석을 가지고 있으며 그 실제 효과도 무궁무진하다. 종이는 동양건축에서 중요한 건축재료이다. 그림18-2

천은 직조된 섬유인 패브릭(fabric)과 엉킨 천인 펠트(felt)로 구분되는 인장재료이다. 천을 사용한 텐트 구조는 현대 건축에서 두드러진다.


건축재료의 시공

건축재료를 현장 구축 재료와 현장 조립 재료로 구분할 수 있다. 콘크리트, 흙같은 구축 재료는 형틀 속에 채워 넣고 양생 후에 형틀을 제거해서 형태를 만든다. 일체형으로 만들 수 있는 특성이 있다.

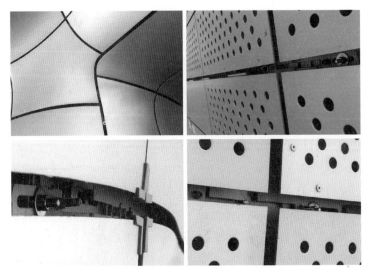

그림18-3. 알루미늄 외벽의 클래딩 시공 사례, 동대문디자인플라자, 자하 하디드, 2014.

그림18-4. 글래스 커튼월의 사례, 파리 국립도서관, 도미니크 페로, 1996.

구조와 마감을 겸한 건축재료로서 노출콘크리트라는 재료가 근대건축가들에 의해서 탄생했다. 최근에는 콘크리트의 강성과 물성을 살린 프리캐스트 콘크리트가 대형 체육시설이나 대형 건물의 조립식 외벽에 많이 사용된다. 대부분의 건축재료는 공장에서 제조되고, 운반되어, 현장에서 조립된다. 패브리케이션 과정에서 규격화되어 생산된다.

① 외벽 공법

클래딩(cladding)은 창이 아닌 건축물의 벽체에 외벽 마감재료를 건식으로 조립하는 공법을 말한다. 석재, 금속, 벽돌, 목재, 세라믹 타일, 외장용 합판 등의 가공된 천연재료나 인공재료를 앵커물과 한 조가 된 부속 철물로 고정하는 공법이다. 그림18-3

글래스 커튼월(glass curtainwall)은 통상 커튼월이라 부른다. 커튼월은 상부층의 하중을 받지 않는 칸막이용을 벽체를 의미하며, 장막벽이라고도 한다. 건축물의 외부 벽체가 전면 유리로 된 것을 글래스 커튼월이라 한다. 커튼월은 멀리온(mullion)과 트랜섬(transom)이라는 수직과 수평의 격자 프레임에 유리가 고정되어 설치된다. 그림18-4

② 코킹, 실링, 실런트, 백업제

마감재료 사이의 줄눈에 홈을 만들고, 끈적끈적한 수지(resin)로 된 실런트(sealant)를 채워서 습기, 바람 등 외부 환경을 차단한다. 실런트를 사용한 밀폐 방법은 시공비가 저렴하지만, 실런트가 오염되고 마감재료 내측에 결로가 발생하는 등의 부차적인 문제가 발생한다.

실런트가 없는 오픈조인트(open-joint)가 외벽 재료의 클래딩에서 더 좋은 방법이 된다. 일반적으로 실런트를 홈에 주입할 때 마주보는 두 면에 접착되도록 홈의 안쪽에 스치로폼 백업제를 채운다.

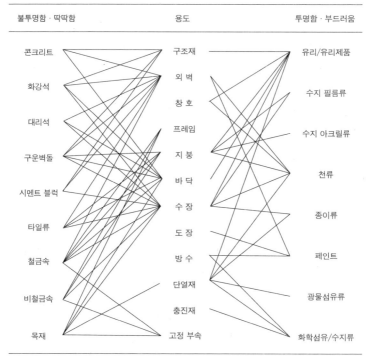

| 불투명함 · 딱딱함 | 용도 | 투명함 · 부드러움 |
|---|---|---|
| 콘크리트 | 구조재 | 유리/유리제품 |
| 화강석 | 외 벽 | 수지 필름류 |
| 대리석 | 창 호 | 수지 아크릴류 |
| 구운벽돌 | 프레임 | 천류 |
| 시멘트 블럭 | 지 붕 | 종이류 |
| 타일류 | 바 닥 | 페인트 |
| 철금속 | 수 장 | 광물섬유류 |
| 비철금속 | 도 장 | 화학섬유/수지류 |
| 목재 | 방 수 | |
| | 단열재 | |
| | 충진재 | |
| | 고정 부속 | |

그림18-5. 건축재료의 물성과 사용

③ 스트럭처럴 글레이징(structural glazing)

유리 재료를 매끈하게 접합하기 위해, 커튼월 프레임의 외부 캡을 감추는 방법을 말한다. 외부에서 유리판을 눌러주는 캡없이 실런트를 사용해서 유리를 설치한다.

④ 페인트

페인트는 금속, 나무, 콘크리트 등에 미려한 색을 내기 위해서, 또는 방충·방부 효과, 내수성을 위해 바르는 재료이다. 페인트는 수지에 색소와 희석재를 섞어 만든다.

바탕면을 청소하고 바르는 페인트를 하도 혹은 프라이머라고 한다. 녹을 방지한다는 의미로 광명단과 같은 방청도료도 하도 페인트이다. 하도 위에 바르는 페인트가 중도이고, 일반적으로 우리가 보는 마감용 페인트이다.

중도 페인트 위에 한 겹 더 바르는 것을 상도 페인트라고 한다. 탑 코팅이라고도 하며, 특수한 효과나 색상, 금속성 등의 느낌을 추가할 때 도포한다. 페인트의 안정성을 위해서 공장에서 도색하는 경우가 일반적이지만, 현장에서 도색하는 경우도 있다.

⑤ 마감재료의 디테일

건축의 모든 것은 결국 마감에 의해서 드러나고 느껴진다. 재료의 가공, 조립, 설치 완성도가 개념, 배치, 평면의 짜임새만큼 중요한 사안이 된다. 건축가의 도면, 특히 상세도면은 이러한 완성도를 위해서 섬세하게 그려져야 한다. 재료들을 순서대로 조립, 설치할 수 있도록 작성되어야 한다.

그림18-5

# XIX. 건축 실무

### 건축 실무에서 필요한 것

건축가는 순수 예술가와 다르다. 건축가는 주문된 프로젝트를 자신이 배운 것을 실현할 수 있는 기회이자, 건축적 경험을 만들 수 있는 기회로 만들어야 한다. 현상설계 공모를 통해 수주하는 경우를 제외하면, 건축사무소의 수주는 친분과 신뢰에 의해서 가능해진다. 만나는 사람들과의 관계에서 수주와 영업의 방향이 만들어진다.

설계사무소의 영업 혹은 마케팅은 잠재적 건축주를 관리하는 데에서 시작된다. 개인 건축주가 아니라 기업이나 단체의 건축주도 결국 설계자를 지정할 수 있는 의사결정자의 개인적인 신뢰를 얻어야 계약이 성사되는 경우가 대부분이다. 또한 설계가 원만히 진행되기 위한 대관 업무가 중요하다. 공무원의 건축법 및 관련 법규 해석, 여러 가지 심의에 따른 결정이 사업의 성패에 영향을 미치는 우리나라에서 공무원과의 사전 협의·조율은 허가 진행 단계에서 중요한 것이다.

허가를 내고 설계를 진행하기 위해서는 건축사자격증을 취득해야 하는 것은 물론이고 등록된 건축사사무소여야 한다. 직원을 거느리고 회사를 제대로 운영해야 설계 작업을 할 수 있고, 크든 작든 회사를 경영할 수 있어야 한다. 세무, 자금, 경리, 인사 등의 경영 능력을 갖추어야 한다. 건축가가 자신의 이름으로 설계를 하기 위해서는 디자인, 수주, 대관 업무, 경영 능력이 필수적이다. 그림19-1

### 건축관계자

건축관계자는 건축주(owner, client), 설계자/건축가(architect), 시공자(con--structor)로 구성된다. 셋은 계약에 따라 협력과 견제로써 균형을 이루며 건축과 건설에 역할을 해왔다. 문화의 관점에서 이야기한다면 균형을 통해서 새로운 개념과 기술, 그리고 작품으로서 건축이 발전할 수 있었다. 그림19-2

그림19-1. 건축설계사무소의 업무

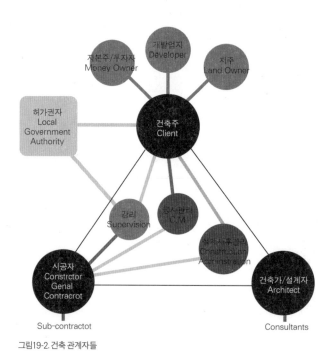

그림19-2. 건축 관계자들

건축을 발주하는 건축주도 사회 구조의 변화에 따라서 다양화되고 있다. 예전에는 토지를 소유하거나 돈을 가지고 있는 사람이나 기업, 정부 또는 지방자체단체가 중심이 되었지만, 최근에는 개발업체(developer)가 중심이 되기도 한다. 개발업체는 자본 투자자(financial investor), 시공 참여자(construction investor) 그리고 운영 관리 투자자(strategy investor)를 구성해서 개발 시행을 위한 특수 목적회사를 만들어, 사업을 구상하고 투자를 유치하며 관리 운영을 계획한다.

1998년 IMF 금융위기 이전에는 많은 건설회사들은 전국에서 아파트의 사업이 가능한 지가가 싼 땅을 매입하여 개발 사업을 벌여 왔다. IMF로 수많은 건설회사가 심각한 자금 유동성을 겪으면서 도산했다. 그 이후 건설회사의 개발사업부가 폐지되었는데, 많은 영세한 시행사가 그 업무를 이어 받아 건축주 그룹에 합류했다. 그러다보니 사업이 지연되거나 실패하는 경우가 빈번하고, 피해를 보는 건축가가 늘면서 건축 영역의 삼자관계는 균형이 파괴되곤 하였다.

건축관계자의 불균형은 정부나 지자체에서 발주하는 공공 건설사업에서도 생겨난다. 턴키(Turn key; 설계시공일괄입찰), BTO(Building Transfer Oaperating), BTL(Building Transfer Lease) 방식의 발주는 건축가의 문화적 소임과 사회적 역할을 위축시키면서 건축가를 건설회사에 종속시킨다. 공공 발주에서 턴키 제도는 건설회사의 경쟁을 건축사무소의 경쟁으로 축소시키고, 건설회사는 시공 낙찰가를 경쟁없이 보장받는다. 국가와 지방자치단체는 세금을 낭비하며 사회적 비용을 소비한다.

CM(Construction Manager)은 건축주를 대행해서 건축주와 계약하고 프로젝트를 감독하는 조직이다. 감리는 시공 수준과 건축물의 안전, 설계도서의 해석에 대한 판단과 지도를 하는 자로서, 건축주와 계약을 해서 법적인 지위를 갖는다.

공공 건물, 아파트, 일정 규모 이상의 건축물 감리는 설계자가 할 수 없으며, 2017년부터 소규모 건축물에서도 허가권자가 감리자를 지정하도록 법제화되었다. 현재의 법에서는 설계의도를 구현하고 도면 해석과 시공 상황에 대한 발전적인 대안을 제시하기가 어렵다. 사후설계관리 혹은 디자인 감리라는 용역의 법제화가 필요하다.

### 건축설계사무소의 업무

설계사무소는 건축가(Architect), 디자이너(Architectural designer)로 구성되고, 디자이너는 건축사법의 의한 건축사보의 자격을 갖는다. 도면을 전문으로 그리는 제도사(draftsman)를 두는 경우도 있다.

설계사무소의 기본 업무는 건축물을 디자인하는 것이고, 디자인 프로젝트를 수주하고 허가 부서에 심의와 허가 등의 대관업무가 수행되어야 하고, 그러기 위해 회사를 관리하는 경영, 운영이 필요하다.

① 기획
기획은 설계 프로젝트에 대한 총괄로 프로젝트의 스케줄, 협력업체와 업무 협조, 신규 프로젝트의 추진 등의 업무이다.

② 관리
관리 업무는 자금과 재무, 직원의 근태 관리, 복지 등이 있다.

③ 코디네이션
건축설계 업무가 확장되어 전문적인 협력업체와 협업을 할 때 디자인이나 기술적인 내용을 협의하고 조정하는 업무이다.

④ 기획제안
기획제안 업무는 신규 프로젝트를 추진할 때 수행하는 업무를 말한다. 프로젝트의 초기 단계에서 규모 검토나 기획설계 혹은 가설계를 해서 보

고서를 작성하는 것이다.

⑤ PM

PM(project managing)은 프로젝트를 이끌어 나가는 업무를 말한다. 설계 스케줄을 작성하고, 건축주와 협의, 팀조직 구성, 협력업체 협의, 시공성 검토와 시공법 조사, 자재 결정 등의 업무가 포함된다.

⑥ 견적

견적은 공사비를 산출해서 문서로 작성하는 업무이다. 수량 산출과 견적 내역 업무로 구성된다.

⑦ 시방

시방 업무는 도면에 직접 표현하지 못한 재료의 물성, 품질, 공사 방법, 생산지를 시방서에 작성하는 업무이다.

### 건축설계 도서의 구성

설계 도면은 공사를 하기 위해서 설계자의 계획 내용이 제도로 그려진 서류 일체를 말한다. 공사를 위한 도서는 설계 도면과 시방서 그리고 각종 계산서로 구성된다. 공사를 위한 도서를 작성하는 설계 업무 분야는 건축이 중심이 되고, 협력 분야인 기계설비, 전기설비, 소방설비, 건축물 부대토목 등으로 구성된다. 그림19-3

① 개요

프로젝트의 기본적인 설명을 위한 도면이다. 프로젝트의 이름, 대지위치, 규모, 연면적, 층별, 실별 면적표, 건축면적과 건폐율, 지상 연면적과 용적률, 주차대수 등이 있다.

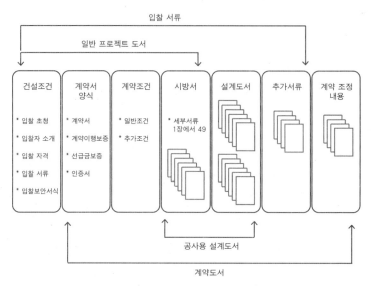

그림19-3. 프로젝트 도서의 구성, The Architect's Handbook of Professional Practice, AIA, 2009. (저자 재작도)

② 배치도

건축물의 도시적 상황을 표시한 도면이다. 대지 안에 건축물의 위치, 법적 규제 사항, 건축물의 이격 거리, 주차장, 사용자의 진입 관계, 조경, 대지 각 부분의 레벨 등을 표시한다. 배치도에 대지 종·횡단면도와 오배수 계획도, 주차 계획도 등을 포함해서 그리기도 한다. 오배수 계획도는 건축물의 오배수 시스템과 도로에 묻혀 있는 관거의 연결 관계를 그린 것이다.

③ 대지 종·횡단면도

대지와 건물의 상황을 단면으로 그린 것이다. 도시적 상황과 건축물의 층수, 높이, 지하 굴토 깊이를 파악할 수 있도록 그려야 한다.

④ 층별 평면도

벽으로 구획된 평면을 표현하고, 실명과 재료 마감, 레벨 등을 표현한다. 설계에 포함되는 가구, 바닥 재료와 패턴을 표현한다. 공사에 포함되지 않는 가구 정보는 점선으로 그린다.

⑤ 단면도

단면의 형상을 층고, 천장고, 외벽과 지붕 재료, 내부 벽체, 바닥재, 천장재로 표기한 기본 단면도를 그리고, 특수하고 복잡한 부분을 확대해서 추가로 그린다.

⑥ 입면도

외관의 형태, 외벽, 창호의 크기, 재질 등이 표기되도록 건축물에 가까운 지형을 단면도법으로 잘라서 그린다.

⑦ 내부 입면도(전개도)

주요실의 건축물의 내부 벽면의 입면도를 그린다. 일반 도면으로 표현

하기 어려운 디자인의 변화나 복잡한 재료로 계획되는 로비나 홀, 특별한
공간을 그린다.

⑧ 천장 평면도

천장의 재료와 패턴, 레벨을 그리고, 조명, 스프링쿨러, 스피커, 공조설
비의 디퓨저 등 설비기구를 표시한다.

⑨ 확대 평면도, 확대 단면도

층별 평면도에서 표현하기 어렵고 복잡한 부분을 확대해서 형상과 치
수, 마감재료 등을 표기한다.

⑩ 상세도

도면의 복잡한 부분을 형상, 재료의 구성, 구법이 이해되도록 그린다.
반복적으로 그려야 되는 부분은 표준상세도로 작성한다.

⑪ 창호 안내도

평면도와 입면도에서 창호도를 연결되는 안내표식을 그리지만, 규모가
큰 건축물에서는 창호 번호가 표기된 한 벌의 평면도를 더 작성하여 창호
안내도로 사용한다.

⑫ 창호도

문과 창문의 입면을 그려서 크기, 디자인 내용, 긴결 방법, 필요 철물을
명기하는 일람표이다.

⑭ 창호 철물 일람표

각각의 문과 창에 들어가는 힌지, 도어록, 도어체크, 열쇠체계 등을 표
시한 일람표이다.

## 협력설계 분야

건축과 협업을 하는 분야는 도시설계, 지구단위계획, 교통심의, 구조설계, 기계설비, 전기 및 통신설비, 소방설비(방재, 피난), 토목설계(흙막이설계, 건축 부대 토목), 조경설계, 경관설계 등으로 구성된다.

프로젝트에 따라, 외벽 또는 커튼월 설계, 인테리어 설계, 가구 디자인, 색채 그래픽(CIP/CG)과 협업을 진행하기도 한다. 건축주와의 계약 내용에 따라 투시도나 모형 제작이 포함되기도 한다.

설계를 진행할 때는 전문 자재업체와 시공업체의 자문을 받아야 할 경우가 많다. 창호/하드웨어, 스카이 라이트, 정화조, 빌딩 외벽 관리/곤돌라, 보안 시스템, IBS, 정보통신 설계, 엘리베이터, 에스컬레이터, 기계식 주차, 내벽 칸막이, 유리, 천장재, 지붕재, 바닥재, 페인트, 금속공사, 방수공사, 단열공사 등이 있다.

## 설계용역의 내용

건축가는 설계기간과 용역비, 업무 내용과 단계 등을 명시하여 건축주와 계약하고 단계별 설계 용역을 수행한다. 설계 업무 내용은 설계 전 단계, 설계 단계, 시공 단계, 준공 후 단계, 추가 업무로 구분된다.

단계별 건축설계 용역은 미국건축가협회의 《Architect's Handbook of Professional Practice》를 참고할 수 있다. 그림19-4

① 설계 전 단계

설계 전 단계는 프로젝트 기획 단계에서 필요한 타당성 조사, 프로그램 작성, 대지 분석 등을 별도 계약으로 진행할 수 있다.

② 설계 단계

**PREDESIGN**

**1 — Predesign Services**
- □ Project Administration
- □ Disciplines Coordination Document Checking
- □ Agency Consulting Review / Approval
- □ Coodination of Owner-supplied Data
- □ Programming
- □ Agency Consulting Review / Approval
- □ Existing Facilities Surveys
- □ Marketing Studies
- □ Economic Feasibility Studies
- □ Project Financing
- □ Project Development Scheduling
- □ Project Budgeting
- □ Presentations

**2 — Site Analysis Services**
- □ Project Administration
- □ Disciplines Coordination Document Checking
- □ Agency Consulting Review / Approval
- □ Coodination of Owner-supplied Data
- □ Site Analysis and Planning
- □ Detailed Site Utilization Studies
- □ On-site Utility Studies
- □ Off-site Utility Studies
- □ Environmental Studies and Reports
- □ Zoning Processing Assistance
- □ On-site Utility Studies
- □ Project Development Scheduling
- □ Project Budgeting
- □ Presentations

**DESIGN**

**3 — Schematic Design Services**
- ■ Project Administration
- ■ Disciplines Coordination Document Checking
- ■ Agency Consulting Review / Approval
- ■ Coodination of Owner-supplied Data
- ■ Architectual Design / Documentation
- ■ Structural Design / Documentation
- ■ Mechanical Design / Documentation
- ■ Electrical Design / Documentation
- ■ Civil Design / Documentation
- ■ Landscape Design / Documentation
- ■ Interior Design / Documentation
- ■ Materials Research / Specification
- ■ Project Development Scheduling
- ■ Statement of Probable Construction Cost
- ■ Presentations

**4 — Design Development Services**
- ■ Project Administration
- ■ Disciplines Coordination Document Checking
- ■ Agency Consulting Review / Approval
- ■ Coodination of Owner-supplied Data
- ■ Architectual Design / Documentation
- ■ Structural Design / Documentation
- ■ Mechanical Design / Documentation
- ■ Electrical Design / Documentation
- ■ Civil Design / Documentation
- ■ Landscape Design / Documentation
- ■ Interior Design / Documentation
- ■ Materials Research / Specification
- ■ Project Development Scheduling
- ■ Statement of Probable Construction Cost
- ■ Presentations

**5 — Construction Documents Services**
- ■ Project Administration
- ■ Disciplines Coordination Document Checking
- ■ Agency Consulting Review / Approval
- ■ Coodination of Owner-supplied Data
- ■ Architectual Design / Documentation
- ■ Structural Design / Documentation
- ■ Mechanical Design / Documentation
- ■ Electrical Design / Documentation
- ■ Civil Design / Documentation
- ■ Landscape Design / Documentation
- ■ Interior Design / Documentation
- ■ Materials Research / Specification
- ■ Project Development Scheduling
- ■ Statement of Probable Construction Cost
- ■ Presentations

**CONSTRUCTION**

**6 — Bidding or Negotiations Services**
- ■ Project Administration
- ■ Disciplines Coordination Document Checking
- ■ Agency Consulting Review / Approval
- ■ Coodination of Owner-supplied Data
- ■ Bidding Materials
- ■ Addenda
- ■ Bidding Negotiations
- □ Analysis of Alternates / Substitutions
- □ Bidding Negotiations
- ■ Bid Evaluation
- ■ Construction Contract Agreements

**7 — Construction Contract Administration Services**
- ■ Project Administration
- ■ Disciplines Coordination Document Checking
- ■ Agency Consulting Review / Approval
- ■ Coodination of Owner-supplied Data
- ■ Office Construction Administration
- ■ Construction Field Observation
- □ Project Presentation
- □ Inspection Coordination
- □ Supplemental Documents
- ■ Quotation Requests / Change Orders
- ■ Project Schedule Monitoring
- ■ Construction Cost Accounting
- ■ Project Closeout

**POST**

**8 — Postconstruction Services**
- □ Project Administration
- □ Disciplines Coordination Document Checking
- □ Agency Consulting Review / Approval
- □ Coodination of Owner-supplied Data
- □ Maintenance and Operational Programming
- □ Site-up Assistance
- □ Record Drawings
- □ Warranty Review
- □ Postconstruction Evaluation

**SUPPLEMENTAL**

**9 — Supplemental Services**
- □ Special Studies
- □ Renderings
- □ Model Construction
- □ Life-cycle Cost Analysis
- □ Value Analysis
- □ Quantity Surveys
- □ Detailed Construction Cost Estimates
- □ Energy Studies
- □ Environmental Monitoring
- □ Tenant-related Services
- □ Graphics Design
- □ Fine Art and Crafts Services
- □ Special Furnishings Design
- □ Non-building Equipment Selection
- □ Leasing Brochures
- □ Materials and System testing
- □ Mock-up Services

■ Basic Service  □ Additional Service

그림19-4. 설계용역의 내용, The Architect's Handbook of Professional Practice, AIA, 1987. (저자 재작도)

설계 단계는 계획설계, 발전설계, 실시설계 단계로 구분되어 기본 업무가 진행된다.

③ 시공 단계

설계가 완성된 후, 시공자를 선정하기 위한 입찰 지원 업무와 시공 중에 설계의도 구현을 위한 공사 관리 업무가 주 내용이 된다. 건축주와 별도의 계약에 따라 진행된다.

④ 준공 후 단계

건물 사용 단계의 유지 관리 업무 중에서 설계와 연관된 내용을 별도 계약에 의해서 수행할 수 있다.

⑤ 추가 업무

추가 계약에 의해서 수행되는 업무로서, 예술 장식품의 선정, 특별 가구의 설계, 모형 제작, 가구·집기 선정 등이 있다.

# XX. 친환경과 디지털 환경

# 1. 친환경 패러다임

1992년 6월 리우 유엔환경회의에서 채택된 지구온난화 규제 및 방지의 유엔기후변화협약(UNFCCC)을 이행하기 위해, 1997년 12월 교토의정서가 채택되었는데 선진 국가에게 구속력 있는 온실가스 배출의 감축 목표 설정했다. 2009년 코펜하겐 유엔 기후변화회의에서는 2020년까지 전세계 온실가스 배출량의 약 80퍼센트를 줄이거나 없애겠다는 약속을 75개 회원국에 받아냈다. 한국은 2002년 11월 교토의정서를 비준하였고, 2차 의무 감축 대상국으로서 온실가스를 감축해야 한다.

에너지 절약과 온실가스 감축은 생태주의 이론을 배경으로 하고 있다. 머레이 북친(Murray Bookchin)은 사회생태주의를 주장하면서, 자연을 지배의 대상으로 생각하는 것은 계급관계와 문화적 차별로 인간에 의한, 인간의 지배라 하였다. 상보성의 윤리가 필요하고, 인간과 자연의 안녕을 증진시키는 의식적이고 윤리적인 행위자가 되도록 노력해야 한다고 주장한다.

제임스 러브록(James Lovelock)은 '가이아 이론'(1972)에서 "심각한 기후 변화로 지옥과 같다고 할만한 상황이 벌어질 것이다. 지독한 더위 때문에 지금의 수십억 인구 가운데 오직 소수만 살아남을 것"이라 지적했다. 가이아 이론은 지구를 생명과 무생물이 상호작용하면서 스스로 진화하고 변화해 나가는 하나의 생명체이자 유기체로 본다.

생태주의와 지구 온난화는 지구의 에너지 고갈, 환경 파괴, 환경 오염을 심각하게 경고하고 있다. 화석 연료에서 신재생 에너지로 전환해야 한다는 의식도 사회 전반적으로 확산되고 있다. 신생 에너지는 수소 에너지나 목재 펠릿, 바이오 매스와 같이, 공학적인 방법으로 새로 개발된 에너지를 말하고, 재생 에너지는 아무리 소비해도 무한히 공급되는 에너지, 수력, 태양열, 지열, 조력 등을 말한다.

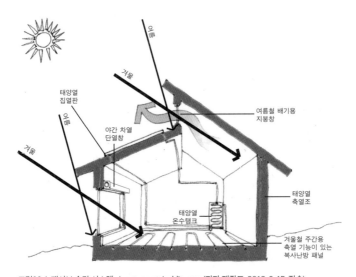

그림20-1. 패시브 솔라 시스템, signaturesustainablity.com (저자 재작도, 2018. 2. 15. 접속)

### 친환경 건축제도

20세기의 건축환경 개념은 건축의 거주성에 영향을 주는 빛환경, 열환경, 음환경 등의 개념이었지만, 이제는 생태적 환경이라는 의미로 사용된다. 생태건축(ecological architecture)이나 친환경건축(friendly environmemtal architecture), 그린빌딩(green building), 녹색건축(green architecture) 개념은 이제 건축의 중심적인 관심이 되었다. 특히 지속 가능성은 21세기의 가장 중심적인 단어가 될 것이다.

에너지 절약과 온실가스 배출 감축은 건축설계에서부터 고려되어야 한다. 태양광 유입과 축열 방식을 이용한 패시브 시스템 디자인(passive system design), 에너지를 건물에 효율적으로 분배해주는 액티브 시스템 디자인(active system design)의 채택이 필요하다. 패시브 시스템과 액티브 시스템의 결합은 건물 전체 에너지 소비량의 약 40퍼센트 정도까지 절감할 수 있는 것으로 알려져 있다. 그림20-1

선진 각국은 친환경건축물 인증 제도(미국 LEED, 영국 BREEAM, 일본 CASBEE)를 마련해 체계적으로 관리하고 있다. 한국은 2001년 공동주택을 시작으로 업무 건물, 학교, 숙박 및 상업 건물 등으로 확대하고 있다.


## 2. 디지털 환경과 건축설계


### 디지털 환경

한국의 컴퓨터, 광통신, 인터넷의 보급은 세계적인 수준이다. 컴퓨터를 사용하지 않고 수계산과 수작업 혹은 손으로 직접 글 쓰는 것으로 삶을 유지해 나가는 것은 거의 불가능한 세상이 되었다. 사무자동화 환경 아래, 업무 통신은 이메일이나 웹디스크를 사용한다.

아날로그와 디지털의 경쟁에서 이미 디지털이 주도적인 키를 가졌다. 디지털 환경으로 개인주의와 자본주의가 가속적으로 심화되고 있고, 자기 발전적 과학은 새로운 권력으로 등장했고 거의 통제 없이 발전한다.

## 디지털 환경과 건축

디지털 환경은 산업 생산 환경, 일상 생활 환경 그리고 전문분야 소프트웨어 사용 환경으로 나누어 생각해 볼 수 있다. 산업 생산 환경은 개발과 생산을 주도하며, 특히 21세기와 국가를 산업적으로 이끌어가는 IT 분야, 즉 디지털 기기 생산 및 디지털 기술 이용 생산 분야를 말한다.

일상 생활 환경은 디지털 기기를 구매하고 소비하는 일반 경제분야를 말한다. 개인 컴퓨터, 노트북, PDA, 디지털카메라 등 하드웨어와 컴퓨터 게임, 인터넷, 전자구매 등 소프트웨어의 소비로 나눌 수 있다. 핸드폰이나 유비쿼터스 등 전자기기의 소유를 통한 기술의 추구와 게임이나 사이버스페이와 관련된 가상현실 장치도 포함된다. 건축이나 디자인, 건설 분야 등에서 데이터베이스의 구축, 통신 규범의 통일, 디자인 소프트웨어와 생산 소프트웨어의 급진적인 발전과 통합이 일어나고 있다.

디지털 환경은 인간을 돕고 생활을 윤택하게 하는 미디어와 도구의 개념을 넘어서 신체와 정신에 영향을 주며, 인간과 컴퓨터가 공진화(co-evolution)하는 단계가 될 것이다. 디지털 환경은 21세기의 절대적인 배경으로서 건축의 본질과 어떻게 관련될 것인지, 디지털 환경에서 건축의 변화와 가능성, 그리고 현실적 한계를 검토해야 한다.

## 도구로서 컴퓨터 응용프로그램

AutoCAD, 3Dmax, form-Z, Maya, CATIA, 라이노, 스케치업 등은 2D 도

면을 전용으로 그리거나 투시도 효과를 위한 프리젠테이션 툴(CAAD)에서 벗어나 CAD/CAM 병합 시스템과 3차원 설계, 가상현실, 증강현실 이용 단계로 발전하고 있다.

프랭크 게리는 '월트 디즈니 콘서트 홀' 공모전에 당선된 후, 10년 동안 CAD/CAM 병합 시스템을 발전시켜 왔다. 지금은 많은 건축가들이 찰흙과 카드보드로 만든 모형을 3D 디지타이징하여 건축 도면화하는 역설계(reverse engineering)를 하고, 비행기의 설계, 제작에 쓰이는 CATIA를 비정형 건축물의 디자인에 사용한다. 또한 3D 프린터 등의 신속조형기술(rapid prototyping)을 이용하여 3차원으로 실현된 디자인과 도면, 철골과 거푸집 등 자유 형태로 디자인된 실제 스케일의 건축 부품을 제작하는 과정까지 연계해서 디자인한다.

디자인 단계에서 역설계나 컴퓨터 응용프로그램 모델링, 3D 프린터 등을 사용한 3차원 실물화 개념의 도입은 구조, 재료, 생산, 조립, 건설의 전 공정을 디지털 방식으로 통합하여 건축의 도구성을 개선할 것으로 생각된다. 최근에는 건축설계, 건설, 건물 관리를 통합적으로 운영하는 토탈 인포메이션 시스템이 BIM(Building Information Modeling)으로 통합되어 빠르게 확산되고 있다.

컴퓨터를 사용한 시뮬레이션 기법은 많은 분야에서 성과를 거두고 있다. 예를 들어 화재 상황에서 각 방에 있는 사용자들의 행동 패턴을 조작하여 건축물의 피난 설계 모델로 삼을 수 있다. 건축 분야만이 아니라 기상학, 우주공학, 해양학 등 예측과 추정을 필요로 하는 모든 과학 분야에서 시뮬레이션 기법을 사용하고 있다.

### BIM 활용과 표준화

많은 설계사무소와 건축가들은 BIM 프로그램을 사용해야 한다. 안으로는 경쟁력 있는 작업을 하기 위해 BIM 프로그램을 써야 할 것 같은 심리

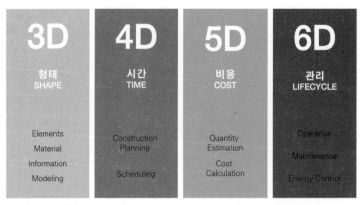

그림20-2. BIM의 여러 차원

적인 불안감이고, 밖으로는 계열화된 설계 작업 환경에서 대형 회사들이 BIM 프로그램으로 전환하고 있기 때문이다.

BIM은 단순한 형상만이 아니라 구조, 공정, 내역을 제어하여 통합하려는 프로그램이다. 각 부품의 형상을 데이터화하고 조립과 관리를 제어하는 과정은 데이터의 통합 운영을 필요로 한다.

BIM 4D는 BIM 3D에 시간 개념이 추가되어 건설 공정관리가 도입된 것이며, BIM 5D는 비용 산출이 도입된 것이다. BIM 6D는 자동제어, BEMS(준공 후 에너지관리)를 포함한 BA이 개념을 실현하는 것이다. 문제는 3차원 데이터를 BIM nD까지 확장하기 위해서는 모듈의 통일, 즉 표준화 작업이 선행되어야 한다.

표준화는 엄청난 사회적 비용이 드는 일로, 사회적 합의와 정적한 비용의 부담을 위해 단계적 진행이 필요한 것이다. 또한 BIM 프로그램을 제대로 사용하기 위해서는 건축의 기획, 디자인, 도면, 구조, 제작과 조립, 시공의 전 과정을 알고 있어야 한다.

사실상 BIM은 건설의 툴이라 할 수 있다. 건설과 관리에서 유용한 BIM 데이터는 디자인이 확정된 최종 설계단계에서 만들어진다. 설계 과정은 수많은 의사 결정의 단계로 이루어져서 변경과 조정의 변수가 많다. BIM이 공정, 견적, 건물 관리에 현실적으로 운용되기 위해서는, 디자인이 대부분 결정되고 나서 설계 후반에 작성되는 것이 효율적이다. 설계와 시공을 통합 관리하는 '디자인-빌드'(design-build) 프로젝트에서 경제적일 수 있다.

# 근대 이후 철학과 건축

소한 것들에 예민해야 하고 좋고 싫음이 있어야
한다.

## 근대적 사유

건축은 다른 모든 문화와 마찬가지로 가치
문제와 더불어 시작된다. 그래서 건축가에게는
건축에 대한 이해만큼 철학에 대한 공부가 요청
된다. 철학이 가치를 세우는 것과 관련되어 있다
고 생각하기 때문이다.

### 호기심과 감수성

살아가면서 의미를 찾는 것이 중요하지만, 지
루함과 권태를 벗어나는 즐김과 즐거움이 더 직
접적으로 유복한 삶을 이끌어 줄 수 있다. 즐거움
의 시작은 세상에 대한 궁금함에서 시작한다. 궁
금함은 세상의 다양한 유혹에 빠질 수 있는 정서
적 감수성에서 가능하다.

건축을 즐기기 위해, 건축적 즐거움을 위해
필요한 첫째 덕목은 호기심이다. 호기심은 궁금
함에서 시작해서 의문으로, 의문은 질문으로 발
전한다. 질문은 문제의 형식으로 마감된다. 의문
은 현상 혹은 사실이 자신의 이해와 일치하지 않
을 때 생기는 궁금함이다. 질문은 의문이 인과론
적 태도에 기초해서 발전한 것이다. 보통 문제의
식 단계를 말한다. 질문이 답변을 가질 때 그것은
'문제'가 된다. 이때 답변은 항상 누군가의 입장
이 토대가 된다.

즐거운 건축을 위한 또 하나의 덕목은 감수
성이다. 유혹이나 자극에 빠져드는 힘이다. 유혹
은 감각에서 온다. 따뜻한 햇볕, 부드러운 문양의
벽지, 주방에서 퍼져오는 냄새, 식탁에서 즐거운
식사 등, 이 모든 것이 건축의 문제이다. 아주 사

M. 푸코에 의하면, 고전성에서 근대성으로의
전환은 유사(similarity)의 문제에서 차이(differ-
-ence)와 분류(classification), 그리고 같음(same)
과 동질성(identity)으로 인식 변화를 의미한다.
같음과 동일성의 문제는 근대 합리주의 시대의
정신적 바탕이었다. 그것은 민족, 국가주의를 부
추겼고, 세계는 두 번의 전쟁에서 문명과 자연,
인류의 대량 학살을 자행했다. 이점에 대한 철학
적, 이성적 반성이 완성되기도 전에 자본주의 욕
망의 실현을 위해 문명의 상징인 도시에 국제주
의 양식의 고층, 대형 빌딩이 들어섰다.

전쟁을 겪으면서 계몽주의와 합리주의는 현
상학과 실존주의의 도전을 받고 다시 마르크스
주의를 근대사회에 접근시키려는 프랑크푸르트
학파의 계몽주의 기획이 시도된다. 현상학과 실
존주의는 부조리한 현실과 시대적 반항의 토대
가 되었지만 새로운 비판에 직면한다.

구조주의는 현상학과 실존주의를 비판하며
인간의 문화에 내재하는 구조적 틀로 세상을 이
해한다. 인류학의 C. 레비스트로스, 언어학의 F.
소쉬르, 심리학의 S. 프로이트는 역사와 문화와
인간 본성 안에서 불변하는 틀로서 구조를 찾아
내고 인류는 기본적인 구조를 벗어날 수 없음을
주장한다. 그리고 영미 분석철학이나 실용주의
와 함께 유럽의 모더니즘을 주도한다.

20세기 전반은 합리주의 안에서 국가주의
와 민족주의가 결합되면서 자기 중심적인 세계
를 꿈꾸고, 지배와 피지배, 권력과 비권력, 가진
자와 가지지 못한 자의 구분을 심화시켰다. 2차
대전의 엄청난 희생 후에 역동적이고, 비합리적

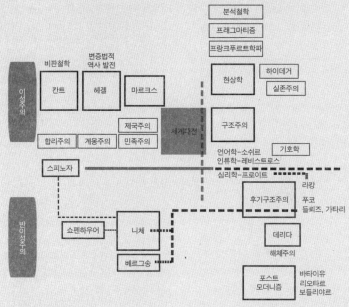

그림 e. 현대 철학의 계보

인 인간의 자기 모순을 새로이 포용하고, 자기 이 외의 다른 것과 공존을 모색하자는 반성이 생겨 났다. 이 움직임 중에 구조주의와 현상학에 대한 반동도 중요한 흐름이다.

### 후기구조주의와 이질성의 철학

G. 들뢰즈와 F. 가타리는 《앙티 외디푸스》와 《천개의 고원》에서 구조주의 심리학과 언어학, 인류학을 철저하게 비판한다. 구조주의는 계통 수적이고 정주민적이며, S. 프로이트는 가족주의

적 무의식의 맹신에 빠져 있고, 소쉬르는 기표와 기의의 이분법적 기호론에 갇혀 있다는 것이다. 계통수에 대하여 리좀을, 정주민적인 홈파인 공 간에 대해서 유목민적이고 매끄러운 공간을, 가 족주의의 외디프스적 무의식에 대해서 사회와 의 직접적인 대면을 주장한다.

M. 푸코는 '인식의 단절'이라는 개념을 통해 서 시대마다 다른 에피스테메(episteme)가 생성 됨을 주장한다. 권력과 지배에 대한 반항을 주장 하는 M. 푸코는 부정주의와 비합리주의를 선택 한다. 데리다는 과거 사상을 해체라는 철학적 방 법으로 분석한다. 철학과 텍스트의 핵심은 끝없

이 부유하고 유예되고 지연된다고 말한다. J. 라캉은 무의식을 언어적으로 확장하고 타자의 진술로서 무의식은 언어활동 이외의 다른 것이 아님을 주장한다. 은유와 환유의 언어가 무의식의 압축과 치환과 동일한 과정이라 주장한다.

후기구조주의는 언어, 심리학, 경제학, 정치학은 물론 사회 일반의 연구를 통하여 진단과 처방을 노력한다. 그러나 여전히 구조주의는 근대주의의 모습을 가지고 있다. 프랑크푸르트 학파의 거대담론을 비판하며 미시정치학을 이야기하지만 인간과 문화를 전체적으로 진단하는 역사와 형이상학적인 관심이 아직도 그 중심이다. 그 이후 모더니즘 자체를 비판하는 새롭고 다양한 사상들이 동일성과 유럽 중심주의에 반기를 들고 나선다. 이러한 탈근대적이고 극단적인 경향의 철학들은 동일성과 주체의 철학을 비판하며 '이질성'에 관심을 갖는다.

후기구조주의와 포스트모던 철학자들은 플라톤과 기독교, 헤겔의 서양 사상적 철학적 전통에 대해 스피노자와 니체를 대립시킨다. 플라톤은 현실이 이데아를 담아 만들어진 것으로 생각한다. 이데아의 복사본인 현실보다 한단계 낮은 것이 가상의 것, 시뮬라크르이다.

플라톤은 예술과 같은 가상 혹은 시뮬라크르를 만드는 것은 인간을 현혹하여 이데아로부터 멀어지도록 유혹하는 것이어서 위험하다고 생각했다. 보드리야르는 이 시뮬라크르를 실제적인 작동하는 힘으로 이해하면서 서구의 인식론과 문화의 가치 및 지시체계의 붕괴를 말한다. 오히려 시뮬라크르에서 사건, 예술, 생성의 중요성을 발견한다.

니체의 반변증법과 영겁회귀의 긍정적 허무주의는 체계적이고 종말론적인 헤겔과 기독교의 사상과 철저한 대립각을 이룬다. 니체는 인류를 불행하게 만들었던 기독교의 자책과 원한의 두 극한을 벗어나는 즐거움과 긍정의 운명애(amor farti)를 주장한다.


## 건축과 철학

현대는 건축가의 시대에서 건축주의 시대로 바뀌었다. 건축에서 상품의 시대로 바뀌었다. 호기심에서 시작해서 질문으로 나아가고, 생각의 즐거움에서 현실의 문제를 밝혀가는 철학은 바로 동시대 건축의 문제이다.

건축에서 기능과 공간은 한 쌍이고, 공간은 형태와 한 쌍이고, 형태는 재료와 한 쌍이다. 재료는 구조와 한 쌍이다. 구조는 기능과 한 쌍이다. 다섯 쌍의 순환 속에 중심을 잃어버리지 않으며, 효용에서 가치로 나아가는 건축 작업은 생각하는 즐거움에서 시작하는 것이 필요하다. 철학은 어원은 지식에 대한 사랑이다. 알고 싶은 궁금함은 지식의 시작이고, 인간 본성과 세계의 본질, 새로운 시대를 탐구하는 철학의 시작이고 건축가의 문제의식의 시작이다.

# 부록 | 건축도면

한계령 휴게소, 류춘수, 공간연구소, 1983.

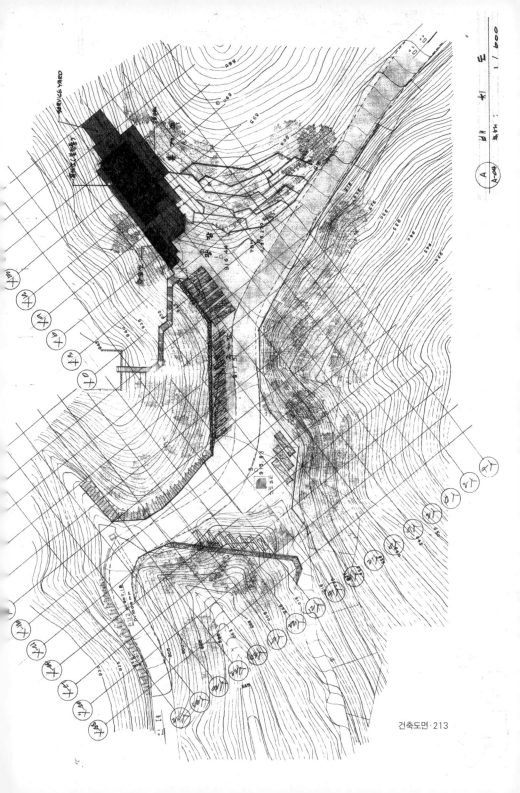

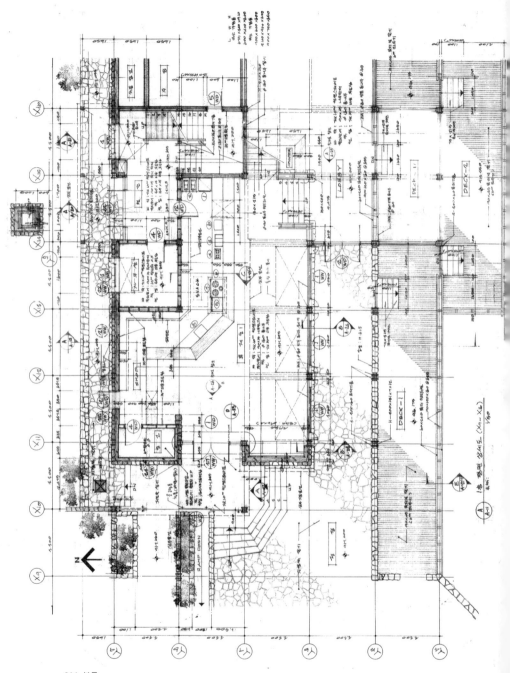

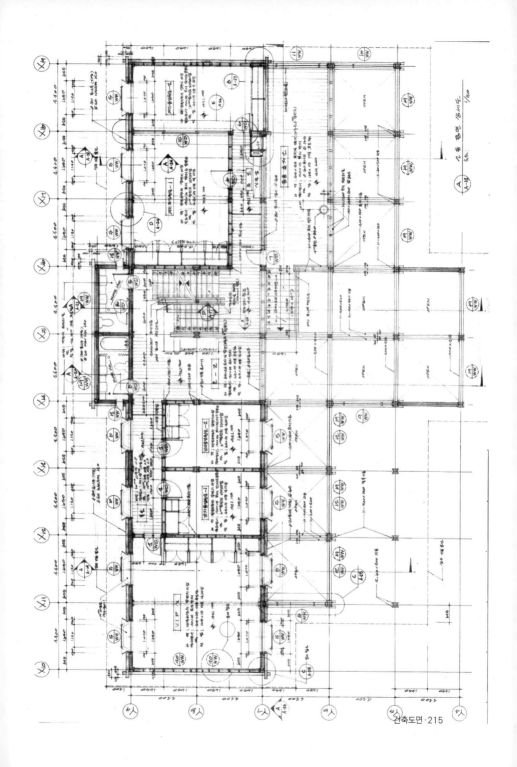

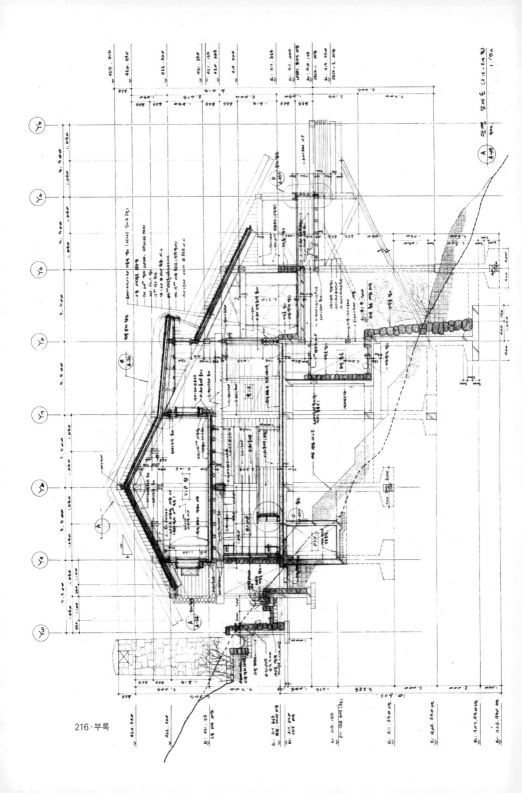

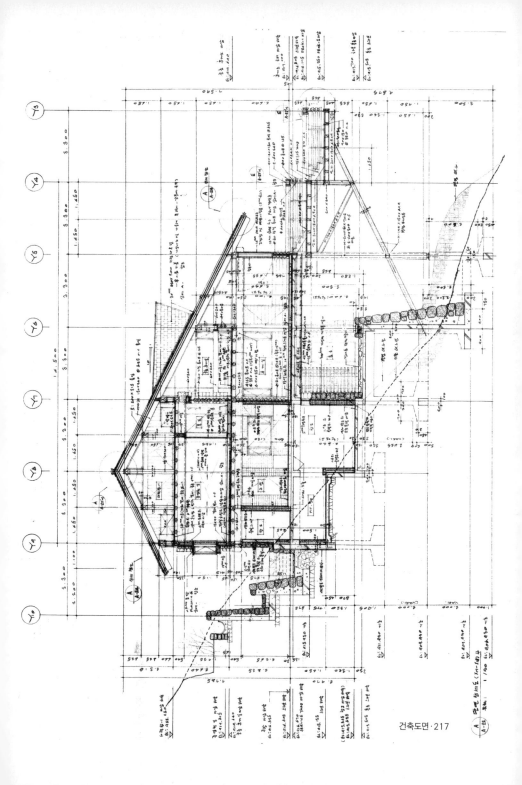

건축도면·217

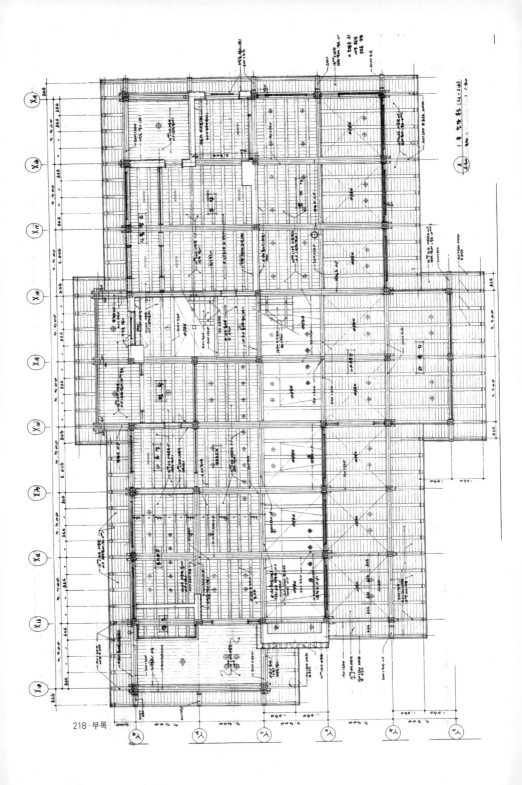

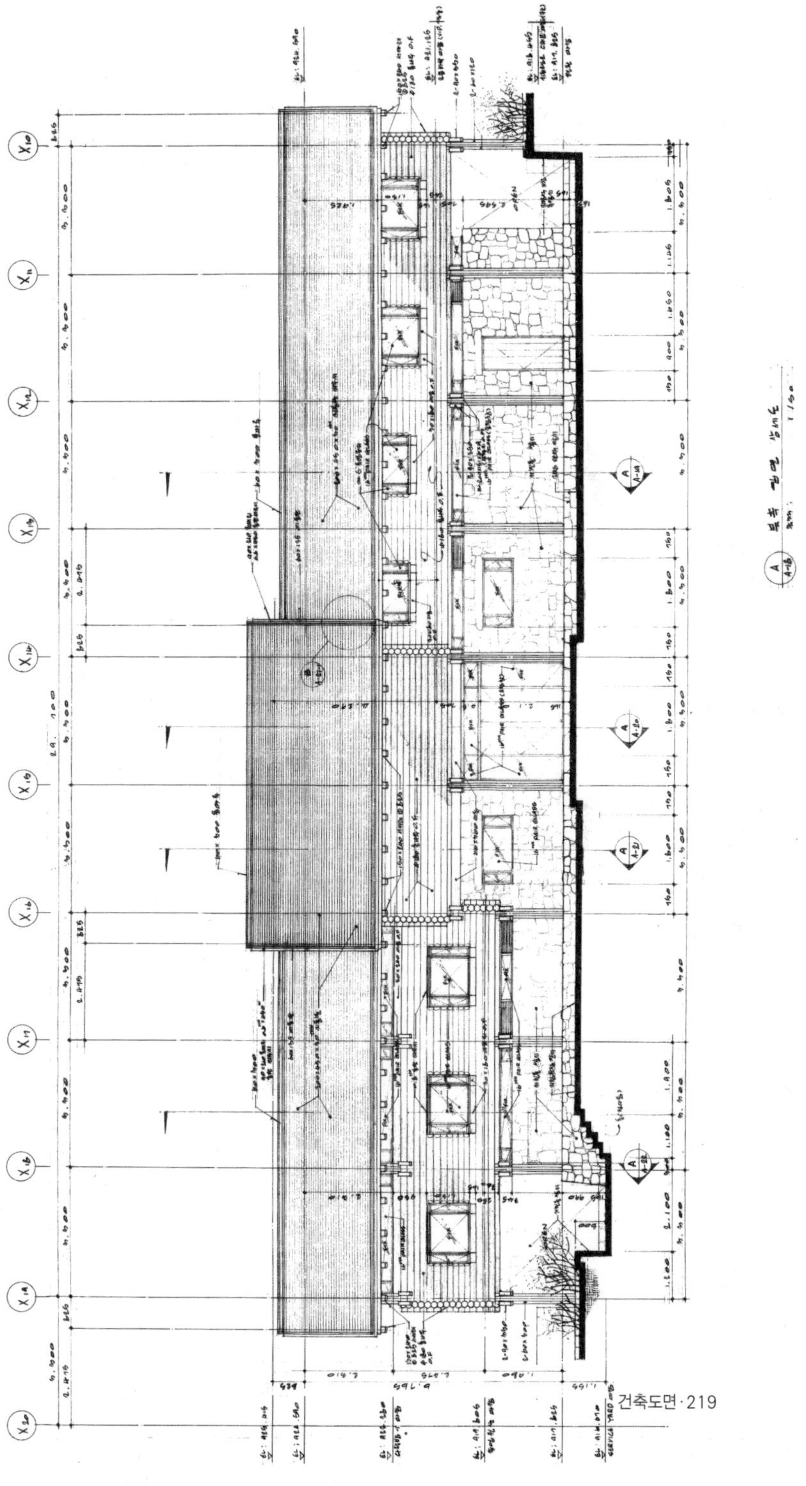

A A-1b 북측 입면 상세도
축척 : 1/150

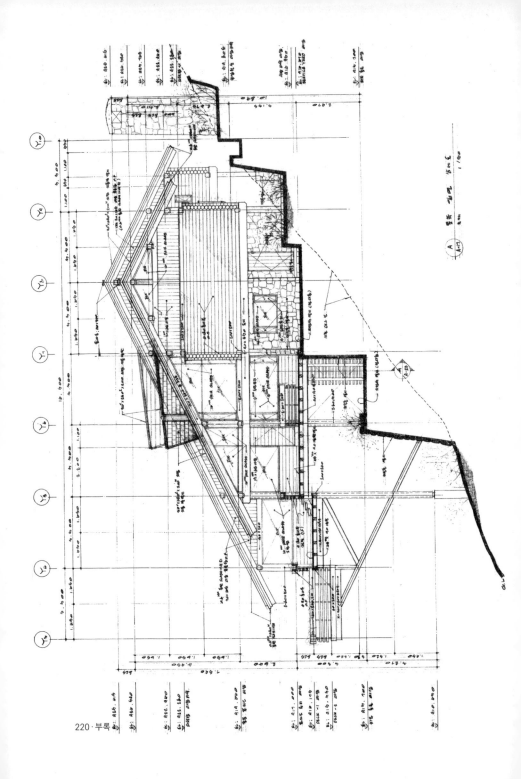

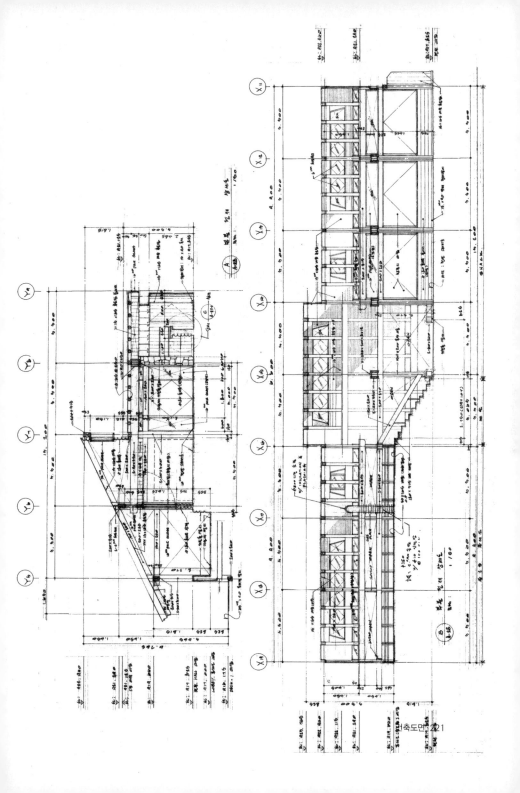

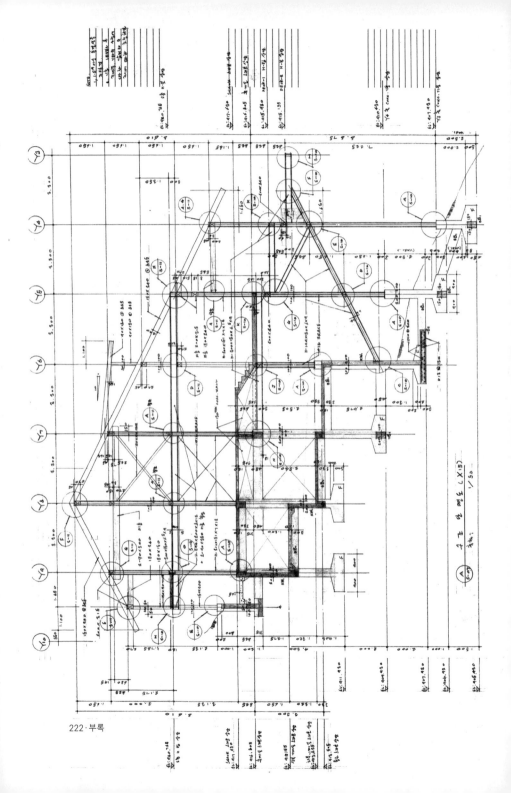

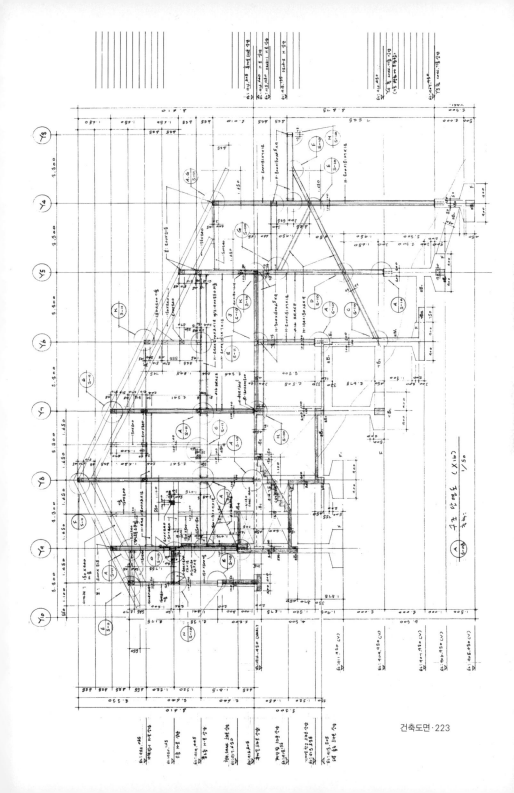

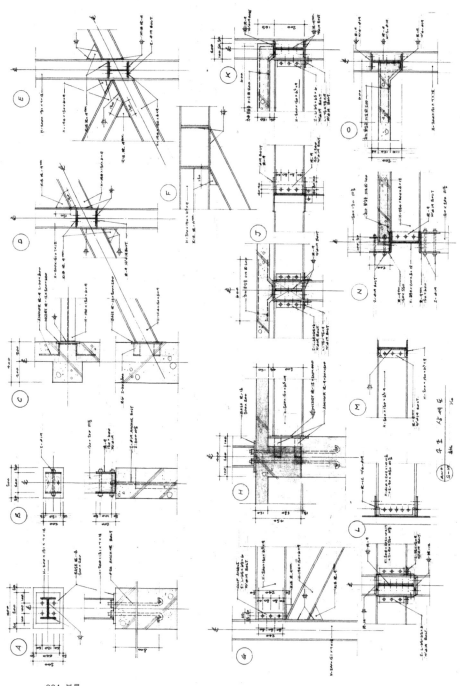

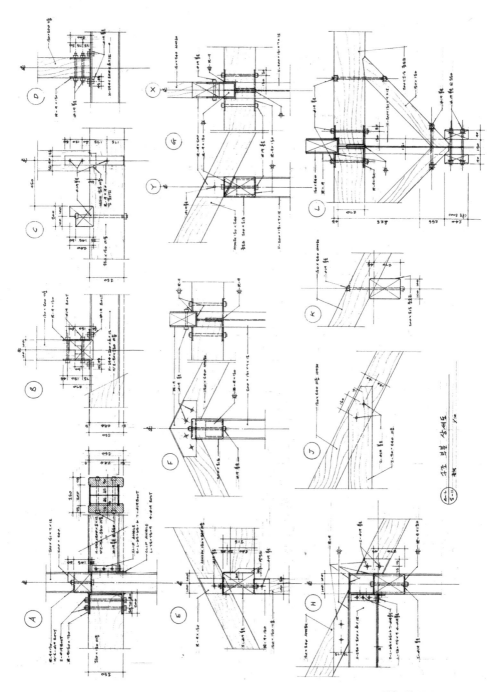

## 자료 출처

그림4-1. The Battleship Potemkin, Sergei Mikhailovich Eisenstein, 1925.

그림5-1. Lacitta Nuova, Antonio Sant'Elia, 1914,
https://commons.wikimedia.org/wiki/File:Casa_Sant%27Elia.jpg, 2018. 5. 17. 접속.

그림a. Nude Descending a Staircase, No. 2, Marcel Duchamp, 1912, Philadelphia Museum of Art,
http://www.philamuseum.org/collections/permanent/51449.html?mulR=864354163,
2018. 5. 17. 접속.

그림6-4. Dom-Ino House,
https://en.wikipedia.org/wiki/Dom-Ino_House, 2018. 5. 17. 접속.

그림8-5. Hotel Particulier, 1923, & Counter-construction, 1924,
Theo van Doesburg and Cornelis van Eesteren, https://thecharnelhouse.org/2014/02/05/the-city-
as-a-regulated-industry-cornelis-van-eesteren-and-urban-planning/hotel-particulier-1923-counter-
construction-1924-theo-van-doesburg-and-cornelis-van-eesteren, 2018. 2. 15. 접속.

그림10-6. 울릉도 리조트 코스모스, 김찬중, 2017. 사진제공 김찬중.

그림11-3. 펜로즈에 의한 워드햄컬리지 테실레이션, 사진제공 문태선.

그림c. 1차원 2상태 3이웃의 세포자동자, 장은성,《복잡성의 과학》, 전파과학사, 1999, 295쪽.

그림13-2. 시도 방위도법의 종류, http://ko.wikipedia.org/wiki/지도_투영법#방위도법,
2018. 5. 17. 접속.

그림14-2. 설계 진행 단계, The American Institute of Architects,《The Architect's Handbook of
Professional Practice》, John Wiley & Sons, Inc., 2009, pp.507-609.

그림d. 파롤에서 계열관계와 결합관계, http://www.epicurus.kr/files/attach/
images/337574/145/340/f0c535a343a81f073f914c0b690cfb37.jpg, 2018. 5. 17. 접속.

그림19-3. 프로젝트 도서의 구성, The American Institute of Architects,
《The Architect's Handbook of Professional Practice》, John Wiley & Sons, Inc. , 2009, p.533.

그림19-4. 설계용역의 내용, The American Institute of Architects,
《The Architect's Handbook of Professional Practice》 Volumn 2. The Project, 1987, pp.10-11.

그림20-1. Passivehaus or Passive House, http://signaturesustainability.com/passivehaus-passive-house,
2018. 2. 15. 접속.

부록. 한계령 휴게소, 류춘수, 공간연구소, 1983. 도면제공 류춘수.

# 참고문헌

김광철 외,《영화사전》, 미디어2.0, 2004.
김경용,《기호학의 즐거움》, 민음사, 2001.
김재희,《베르그손의 잠재적 무의식》, 그린비, 2010.
박민수,《바움가르텐의 미학 읽기》, 세창미디어, 2015.
안성찬,《숭고의 미학: 파괴와 혁신의 문화적 동력》, 유로서적, 2004.
이진우,《녹색사유와 에코토피아》, 문예출판사, 1998.
진중권,《미학 오디세이 3: 피라네시과 함께 탐험하는 아름다움의 세계》, 휴머니스트, 2004.
차동우,《상대성 이론》, 북스힐, 2003.
최창조,《한국의 자생풍수》, 민음사, 1997.
최창조,《한국풍수인물사: 도선과 무학의 계보》, 민음사, 2013.

로널드 보그,《들뢰즈와 가타리》, 이정우 옮김, 새길, 1995.
로잘린드 크라우스,《현대조각의 흐름》, 윤난지 옮김, 예경, 1997.
롤랑 바르트,《텍스트의 즐거움》, 김희영 옮김, 동문선, 1997.
루돌프 아른하임,《미술과 시지각》, 김춘일 옮김, 홍익사, 1982.
르네 톰,《카타스트로프의 과학과 철학》, 이정우 옮김, 솔, 1995.
리차드 모리스,《시간의 화살》, 김현근 외 옮김, 정음사, 1983.
마르틴 하이데거,《존재와 시간》, 이기상 옮김, 까치글방, 1988.
미셸 푸코,《말과 사물》, 이광수 옮김, 민음사, 1995.
바바라 러벳 클라인,《새로운 물리를 찾아서》, 차동우 옮김, 전파과학사, 1993.
벤 보버,《빛 이야기》, 이한음 옮김, 웅진닷컴, 2004.
빌 리제베로,《건축의 사회사》, 박인석 옮김, 열화당, 2008.
소피아 사라,《건축과 내러티브: 공간의 형성과 문화적 의미》, 조순익 옮김, 시공문화사, 2010.
에이드리언 포티,《건축을 말한다》, 이종인 옮김, 미메시스, 2009.
움베르토 에코,《기호와 현대 예술》, 김광현 옮김, 열린책들, 1998.
움베르토 에코,《기호: 개념과 역사》, 김광현 옮김, 열린책들, 2001.
장 프랑소와 료타르,《칸트의 숭고미에 대하여》, 김광명 옮김, 현대미학사, 2000.
정재서 역주,《산해경》, 민음사, 1986.
제레미 리프킨,《엔트로피》, 이창희 옮김, 세종연구원, 2005.
줄리언 페파니스,《이질성의 철학》, 백준걸 옮김, 시각과언어, 2000.
질 들뢰즈·펠릭스 가타리,《철학이란 무엇인가》, 이정임 외 옮김, 현대미학사, 1999.
질 들뢰즈,《들뢰즈가 만든 철학사》, 박정태 옮김, 이학사, 2007.
질 들뢰즈,《니체와 철학》, 이경신 옮김, 민음사, 2001.
탈레스 외,《소크라테스 이전 철학자들의 단편 선집》, 김인곤 외 옮김, 아카넷, 2005.
푸랑코 푸리니,《건축 구성하기》, 김은정 옮김, 공간사, 2005.
필립 존슨 외,《해체주의 건축》, 김능현 외 옮김, 도서출판 전일, 1991.
한스 라이헨바하,《시간과 공간의 철학》, 이정우 옮김, 서광사, 1986.

E. H. 곰브리치, 《서양미술사》, 백승길 외 옮김, 예경, 1997.

H. W. 젠슨, 《미술의 역사》, 김윤수 외 옮김, 삼성출판사, 1983.

Mario Salvadori, 《건축물은 어떻게 해서 서 있는가》, 손기상 옮김, 기문당, 1984.

M. H. Morgan, 《비트루비우스 건축십서》, 오덕성 옮김, 기문당, 1986.

Sigfried Giedion, 《공간, 시간, 건축》, 최창규 옮김, 산업도서출판공사, 1984.

Urs Büttiker, 《Louis I. Kahn : 빛과 공간》, 이효원 옮김, 시공문화사, 2002.

Vittorio Magnago Lampugnani, 《현대건축사조개관》, 김경호 외 옮김, 기문당, 1990.

Wojciech G. Lesnikowski, 《합리주의와 낭만주의 건축》, 박순관 외 옮김, 국제출판공사, 1986.

Le Corbusier, 《La ville Radieuse》, Parentheses, 2017.

The American Institute of Architects, 《The Architect's Handbook of Professional Practice》, John Wiley & Sons, Inc., 2009.

The American Institute of Architects, 《The Architect's Handbook of Professional Practice》, Vol. 2. The Project, 1987.

김광현, Le Corbusier의 "건축적 산책로"에 관한 연구: 건축의 형식문제, 《대한건축학회 논문집》 제9권 제1호, 115~124쪽, 1993.

김승환, 세잔의 야심과 역설, 《지식의 지평》 창간호, 한국학술협의회, 2006.

네이버 영어사전 endic.naver.com

한국어 위키피디어 ko.wikipedia.org

한국민족문화대백과사전 encykorea.aks.ac.kr

해석과 착상
이관직의 건축설계 강의

초판1쇄 펴낸날 2018년 7월 15일
초판2쇄 펴낸날 2019년 12월 5일

지은이 이관직
펴낸이 강정예
펴낸곳 정예씨 출판사
주소 서울시 마포구 월드컵로29길 97  전화 070-4067-8952  팩스 02-6499-3373
이메일 book.jeongye@gmail.com  홈페이지 jeongye-c-publishers.com
편집디자인 김준형

ISBN 979-11-86058-13-8  93610